Katrin Grieco

VON FRÖSCHEN UND PHARAONEN UND DER *wundervollen* ERKENNTNIS, EINE PLAGE ZU SEIN

HERZLICH WILLKOMMEN

IM TRUBELIGEN, HIMMLISCH BUNTEN FAMILIENALLTAG!

Meine Töchter haben mein Leben völlig auf den Kopf gestellt, lassen mich lieben, lachen und leben wie nie zuvor und sind das Beste, was mir je passieren konnte! Sie haben meine Nächte zu Tagen gemacht, mein Wohnzimmer ähnelt einer Mischung aus Spielzeugladen und Kinderkunstschule, unter dem Esstisch sieht es aus, als hätte Krümelmonster einen Zweitwohnsitz bezogen, im Flur finden sich ständig zu putzende Schuhe ohne Gegenstück und im Keller türmen sich die Wäscheberge. In so manch müden Momenten tue ich gut daran, mich energisch daran zu erinnern: Kinder sind wundervoll! Da ich die Mama bin, die ich nun mal bin, und an Gott glaube, bin ich auch davon überzeugt, dass er es war, der meine Kinder und auch Ihre auf so wundervolle Art und Weise geschaffen hat.

Und wer solche Wunder vollbringen kann, den möchte ich mit meiner Familie näher kennenlernen! Ich habe lange Zeit auf den Moment gewartet, in dem alle gut gelaunt wären, sich wohl gesättigt wüssten, das Haus geputzt wäre, keiner husten oder schnupfen würde und wir uns gemütlich ins Wohnzimmer setzten und mein Mann (schließlich ist er Pastor) aus einer hübsch illustrierten Kinderbibel vorläse. Sie ahnen es: Dieser Zeitpunkt ist bei uns bisher nicht eingetreten.

Wir stellten allerdings fest, dass es uns deutlich leichter fiel zuzuhören, wenn wir biblische Geschichten kreativ erlebten. Ich war mir nicht sicher, was davon bei der damals Zweijährigen hängen bleiben würde, aber eine Begebenheit gab mir den Mut, Glauben in unserem Familienalltag etwas anders zu leben: Nachdem wir die Geschichte von Mose in Kostümen gespielt hatten (die Kleine war Mose, mein Mann der Pharao) und ein Handpuppenfrosch von den Plagen erzählt hatte, mit denen Gott das Volk befreite, dauerte ihr ein Erwachsenengespräch zu lange. Sie baute sich vor unserem Gesprächspartner auf und forderte energisch: „Lass mein Volk zieh'n!"

Seitdem wird bei uns umso munterer gebastelt, gewerkelt, gekocht, gebacken, genäht, gespielt, gelacht (auch mal gestritten) und gestaunt. Wir haben die Erfahrung gemacht, dass besondere Momente mit Gott keine aus menschlicher Sicht perfekten Rahmenbedingungen benötigen. Gott möchte Familien in ihrer Realität begegnen!

In der Bibel entdecke ich immer wieder Geschichten, in denen Gott Menschen begegnet. Ich glaube, dass dies seine Art ist, sich uns vorzustellen. Ich habe für Sie in diesem Buch 52 solcher Geschichten ausgewählt und meine persönlichen und altersgerechten Gedanken für unsere Kinder festgehalten, um Gott näher kennenzulernen. Manchmal ist die Perspektive etwas ungewöhnlich, aus der ich eine Erzählung vorschlage. Da ich zwei äußerst lebendige, aber mindestens genauso sensible Töchter habe, erschien mir das hin und wieder angemessen. Haben Sie sich zum Beispiel schon einmal gefragt, was ein kleiner Frosch empfindet, wenn er von einem Pharao als Plage beschimpft wird? Entdecken Sie mit dem Frosch in der Bibelgeschichte rund um Mose, dass er genau mit seinen Eigenschaften unverzichtbarer Teil von Gottes großem Plan ist, und erleben Sie, was so eine Erkenntnis mit dem eigenen Selbstbewusstsein und dem Ihrer Kinder macht!

Hört sich das alles nach zu viel Aufwand an? Aber was wäre, wenn sich die biblischen Geschichten in den Trubel integrieren ließen? Wenn es keine zusätzliche Arbeit wäre, sondern einfach eine etwas andere, die sogar nicht nur den Kindern Spaß machen würde, sondern auch Ihnen als Mutter oder Vater? Selbstverständlich können Sie dieses Buch auch als Tante, Onkel, Tochter, Sohn, Großmutter oder Großvater lesen. Mit eigenen kleinen Kindern hat man lediglich eine plausiblere Begründung zur Hand, warum man den gesamten Keller – mit Ausnahme des einen Kellerraums, Sie wissen schon, den mit den Wäschebergen – mit Bastelkisten füllt und Kinderkostüme und Handpuppen kauft. (An dieser Stelle DANKE an meine Töchter für die Begründung all unserer Schätze!)

Ich erinnere mich gerne an eine Reise mit Freunden nach London, auf der sich mein einziges Gepäckstück mit Kleidung für drei Weise und Hirten inklusive Hirtenstab füllte und ich außerdem einen Regenbogenmalkasten erstand. (Später dazu mehr!) Damals arbeitete ich als Sozialpädagogin für Kinder und konnte meinen Reisebegleitern die Einkäufe nachvollziehbar erläutern. Nur für eine kleine, graue Stoffmaus im rosa-pinkfarbenen Blümchenkleid hatte ich als kinderloser Single keine Erklärung. Das fällt mir heute leichter, denn einer dieser Londonreisenden ist mittlerweile mein Ehemann, wir haben unsere zwei Töchter und genau diese Maus ist feste Begleiterin unserer Familie geworden.

Ich habe für Sie und Ihre kreativen Familien-Bibelgeschichten-Momente eine eigene Maus genäht, die ich Ihnen im Buch an die Seite stelle. Damit wird es viel persönlicher. Ich finde sehr wichtig, dass es persönlich wird, denn Glaube kann aus meiner Sicht nur dann entdeckt und gelebt werden, wenn Sie ihn zu etwas ganz Persönlichem werden lassen. Außerdem werden Kinder nach Ihrem Glauben fragen, um einen eigenen entwickeln zu können.

Wir haben jede Woche eine Stoffkiste im Einsatz, die ich mit dem nötigen Material zu einer biblischen Geschichte fülle. Vielleicht finden Sie dafür einen abenteuerlich aussehenden Koffer oder eine geheimnisvolle Kiste? Wenn nicht, dann basteln Sie Ihre eigene! Denken Sie dabei ruhig groß und nehmen Sie eher einen Umzugskarton anstatt eine Schuhschachtel. Sie werden mich im Laufe dieses Buches noch besser kennenlernen - ich habe gerne ausreichend Materialkrimskrams griffbereit. (Aber ich werde mich immer wieder zur Vernunft rufen und Kreativideen aus Gegenständen und Zutaten vorstellen, für die Sie nicht Ihren kompletten Keller in ein Bastellager verwandeln müssen.) Ihren eigenen Familienkreativideen sind natürlich keine Grenzen gesetzt!

Erleben Sie mit uns himmlisch bunte Bibelgeschichten im Familienalltag und feiern Sie, dass Gott Ihre Kinder und auch Sie wundervoll geschaffen hat und Ihnen begegnen möchte. Und jetzt: Fangen wir an!

1. Mose 1,1–31
und 1. Mose 2,1–4

Die Schöpfung

Gott hat die Welt und mich sehr gut gemacht

„Fangen wir an!“, muss auch Gott sich gedacht haben, und das ist doch ein guter Start unserer Entdeckungsreise. Die Bibel erzählt, wie Gott die Erde Tag für Tag geschaffen und wie er die Schöpfung als „sehr gut“ bezeichnet hat. Einen schöpferischen Gott, einen Gott, der seine Werke „sehr gut“ findet – diesen Gott möchte ich mit meinen Kindern entdecken! Ich möchte mit ihnen über Dinge staunen, die uns im trubeligen Alltag nicht mehr auffallen. Ich bewundere, wie kleine Kinder begeistert ihr Spiegelbild küssen. Diese Begeisterung muss Gott ihnen mitgegeben haben. Ich hoffe, sie hält an, und ich möchte meinen Teil dazu beitragen. Beitragen zur Gewissheit: „Du bist sehr gut gemacht!“

Wir erfanden unser eigenes Schöpfungshüpfspiel. Jeder Tag wird mit einem Feld versehen. Für den zweiten Tag muss natürlich zwei Mal gehüpft werden, für den dritten drei ... na, Sie verstehen schon. Und vergessen Sie das Mithüpfen nicht!

Bunte Fleecedecken wurden zum Schöpfungsbodenbild. Für den ersten Tag wird zu einer schwarzen Decke eine gelbe für das Licht gelegt. Ein hellblauer Himmel, dunkelblaues Wasser und grün bewachsene Erde kommen dazu. Darauf „wachsen" dann Filz- oder Moosgummisterne, Sonne und Mond, aus Servietten gezupfte Blumen, Schälchen mit Obst oder Gemüse und Stofftiere. Am besten gefiel den Mädels die Erschaffung der Menschen, da sie dabei selber Teil des Bodenbilds wurden.

Wählen Sie für jeden Tag der Woche ein einzelnes Schöpfungsthema. Gestalten Sie ein Dunkelrestaurant am eigenen Esstisch und blinzeln Sie ins helle Licht, wenn die Rollläden wieder geöffnet werden.

Testen Sie, was mit einer Kerze passiert, die unter einem Glas keinen Sauerstoff bekommt. Lassen Sie einen Drachen hoch in die Luft steigen. Beliebtes Wolkenspiel ist bei uns Wattebällchenpusten.

Wasser und Land wurden im gefluteten Sandkasten getrennt. Wir kneteten Bäume und Blumen. (Woher kommen nur ständig diese Knetgummikrümel im Teppich?) Wir genossen einen Waldspaziergang mit Picknick und staunten als Gärtner darüber, was aus winzigen Samenkörnern wachsen kann. Diese wurden befühlt, gewogen, gemessen und in beklebte Töpfe gesät. Wir finden Besuche im Gartencenter klasse, und hin und wieder dürfen sich die Kinder dort eine Blume für ihr Zimmer aussuchen.

Aus Papptellern entstanden Sonnenkappen. Wir beklebten und bemalten gesammelte Brei- und Joghurtgläser als kleine und große Lichter. (Die Idee dafür kam von der Kleinen, die mit Klebebändern und Gläsern für einen Moment unbeobachtet war.) Wir stellten uns vor, als Astronauten ins Weltall zu reisen, und aßen Astronautenessen. Da wir Früh-aufsteher sind, finden so manche Dunkelwanderungen am Morgen statt, um Mond, Sterne und Sonnenaufgang zu bestaunen. (Sie enden meist damit, dass wir als Erste vor der Tür der Bäckerei warten und in den Duft frisch gebackener Brötchen eintauchen.)

Besuchen Sie einen Zoo oder Wildpark.
Füttern Sie, wenn möglich und mutig.
Wir bestaunen Tierarten und Fischfarben in Zoohandlungen und schütteln uns gemeinsam vor Kakerlaken und Spinnen.
Basteln Sie Muffinförmchentiere.

Ein Selbstbildnis der Großen gefiel mir so gut, dass wir daraus eine Puppe nähten.

Auf einer nahegelegenen Baustelle entdeckte ich Ytongreste. Die Bauarbeiter schenkten mir so viele Steine, wie ich transportieren konnte. Wir feilten (und staubten im Garten!) und malten, und schon bald war unsere Familie fertig. Gott muss riesigen Spaß daran gehabt haben, die Menschen zu schaffen.

Genießen Sie als siebten Tag einen Ruhetag als Familienfesttag. Nehmen Sie sich Zeit füreinander und für Gott, feiern Sie ein Schöpfungsfest. (Bei uns gibt es das Ritual der Familienfesttagspizza am Abend.) Singen Sie. Erzählen, malen oder kleben Sie, was Sie in der vergangenen Woche entdeckt haben. Besuchen Sie einen Gottesdienst oder eine Kirche, die Sie daran erinnern, dass Gott Zeit mit Ihnen verbringen möchte. Freuen Sie sich, dass Ihre Kinder, aber auch Sie als Eltern sehr gut gemacht sind!

Noah und der Regenbogen

1. Mose 6,5 bis 1. Mose 9,17

Gott macht ein Freundschaftsangebot

In der Bibel lesen wir, wie die Menschen sich von Gott entfernt hatten und von morgens bis abends Böses planten und ihre heimtückischen Pläne umsetzten. Noah bekam als Freund Gottes den Auftrag, ein Boot – die Arche – zu bauen, die seiner Familie und den Tierpaaren Rettung in einer großen Überschwemmung nach langem Regen bieten würde. Ich bin dankbar, dass es in der Geschichte Gottes mit Noah nicht bei dem Regen und der vernichtenden Flut blieb! Schon nach einem kurzen Regenguss liebe ich die Sonnenstrahlen, die sich durch die Wolken schieben, und dann: „Oh, ein Regenbogen!" Wie es wohl Noah und seiner Familie bei dem Anblick ging?
Werden auch Sie Regenbogenjäger, staunen Sie mit und erinnern Sie sich als Familie an das Versprechen Gottes nach der Flut, dass es so etwas nie wieder geben soll. Die Zusage Gottes und das Zeichen des Regenbogens für den Bund mit den Menschen, dieses Freundschaftsangebot möchte ich mit meinen Kindern entdecken.

Zuerst schmiss ich mich in mein maritimstes Outfit und erzählte den Kindern vom Abenteuer Noahs und vom großen Versprechen Gottes.

Beim Noah-Spiel bekam jeder Moosgummitierpärchen in fünf Regenbogenfarben. In diesen Farben bemalten wir einen Holzwürfel mit zusätzlich einem Regenbogen auf der sechsten Seite (für freie Farbwahl). Reihum wird gewürfelt. Wer als Erster seine Tiere im getackerten Tonpapierboot hat, gewinnt.

Aus einer Schaumstoffplatte und blauer Farbe kreierten wir ein Regentropfenkostüm. Vielleicht kleiden Sie sich auch regenbogenbunt. Farbig geht es beim Essen weiter: Mahlzeiten in nur einer Farbe oder ein regenbogenbunter Obstteller.

Da die Tiere immer zu zweit in die Arche marschierten, bastelten wir ein Spiel, bei dem Tierpärchen aufgedeckt werden. Anstatt auf quadratische malten und stempelten wir auf Pappen in Regentropfenform. Nach dem Mischen werden offen oder verdeckt Paare gesucht. Auch ohne Basteln können Pärchen in Tüten mit Tierkeksen gefunden werden.

„Wir backen einen Regenbogenkuchen", war mein Plan. Ich hatte genaue Vorstellungen. Wir rührten eine Backmischung an, färbten, fischten Farbtuben aus dem Teig, schichteten ihn in ein Einmachglas und beobachteten das Geschehen im Ofen. Wir tauften ihn von „Regenbogenkuchen" zu „komischer Tropfkuchen" um und probierten. Das Nachbacken ist nur bedingt zu empfehlen, aber ich erzählte von der überfließenden Liebe Gottes, während der Teig aus dem Glas blubberte und in den Ofen tropfte.

Ein Umzugskarton wurde zur Arche für Stofftiere und Kinder. Für jeden wurde das Lied „Es regnet" umgedichtet, und die Mädels packten noch einen Picknickkorb mit Muffins und Torte.

Ganz ohne Vorbereitungen kommt das Spiel aus „Die Arche hat 'nen Platz noch frei, da wünsch' ich mir ‚den Papa' herbei!" – „Als welches Tier soll ich kommen?". Und dann wird gehüpft, geflattert, galoppiert, gewiehert oder gegrunzt.

Malen Sie mit Fensterstiften Regenbögen, die bei jedem Wetter bewundert werden. Mit Geduld und Humor werden nicht nur die Kunstwerke bestaunt, sondern auch Tisch, Boden und bunte Kinderhände gereinigt ...

Eine leere Plastikflasche wird mithilfe eines wasserfesten Stifts zum Niederschlagsmesser (darauf achten, dass er nicht umgepustet wird). Wir konnten den nächsten Regen kaum erwarten.

Und wenn keine Kreativlaune in Sicht ist? Schlüpfen Sie in Gummistiefel, erleben Sie einen Regenspaziergang mit Lieblingsschirmen oder die besondere Luft nach einem Regenguss und erinnern Sie sich an dieses außergewöhnliche Freundschaftsangebot nach der großen Flut!

1. Mose 12,1 bis
1. Mose 13,18

ABRAHAM ZIEHT UM

Gott geht überall mit

In dieser Geschichte erhielt Abraham den Auftrag von Gott, mit seiner Frau Sarah und seinem ganzen Hab und Gut umzuziehen. Wohin es gehen würde, erfuhr Abraham noch nicht, aber er hatte das Versprechen, dass Gott bei ihm sein würde. Mich beeindruckt, wie Abraham und Sarah sich auf Gott und seine Begleitung verließen und auf ihrer Reise ins Ungewisse immer wieder seine Nähe erlebten. Ich selber mag gar nicht an den nächsten Umzug denken, der uns als Pastorenfamilie irgendwann wieder bevorsteht. Ich wünsche mir dieses starke Vertrauen in die Begleitung Gottes, ob auf einer großen Umzugsreise oder auch für meine Töchter auf dem Weg zum Kindergarten!

Wir staunten über Abrahams „Umzugswagen" und die besonderen Eigenschaften, mit denen Gott Kamele ausgestattet hat. Wir überlegten, wie es wohl riecht, wenn man aus Kameldung das Feuer für die Nacht macht, um sich zu wärmen und darüber zu kochen. Wir bastelten Kamelsteckenpferde und reisten mit ihnen durch gelbe und orangefarbene Fleecedeckenwüsten. Im lokalen Bettengeschäft gab es Kissen aus Kamelhaarwolle, deren Füllung wir untersuchen durften.

Wir besuchten Kamele im Zoo und im Zirkus. Als am Ende der Zirkusvorstellung Kamelreiten angeboten wurde, schwang ich mich nach allen Kindern selbst zwischen die Höcker, vergrub meine Hände in dem fettigen, rauen Zottelfell und drehte schwankend und wippend drei Runden durch die Manege. Mit großen Augen wurde ich von meinen Töchtern bestaunt, und wir konnten uns noch lebhafter vorstellen, wie wir von Ur nach Kanaan ritten und schließlich erleichtert waren, wieder festen Boden unter den Füßen zu haben. Begleitet und bewahrt von Gott!

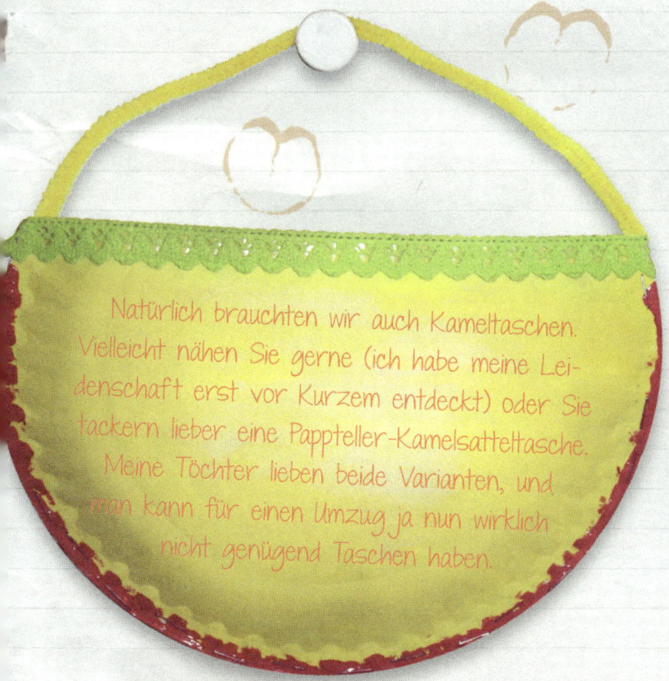

Natürlich brauchten wir auch Kameltaschen. Vielleicht nähen Sie gerne (ich habe meine Leidenschaft erst vor Kurzem entdeckt) oder Sie tackern lieber eine Pappteller-Kamelsatteltasche. Meine Töchter lieben beide Varianten, und man kann für einen Umzug ja nun wirklich nicht genügend Taschen haben.

Für unsere Zitronenkuchen-Kamele goss ich die Fertigteigmischung auf ein Blech und brachte sie nach dem Backen mit Plätzchenausstechern in Form. Während ich mitten in meinen Kuchenvorbereitungen war, beobachtete ich meine Große, die mir ein Kamelbild mit Wasserfarben stempelte. Sie nahm keine Gelb- oder Brauntöne, sondern zauberte eine herrlich bunte Kamelkarawane auf das Papier. Ich liebe ihre farbigen „Wüstenschiffe"!

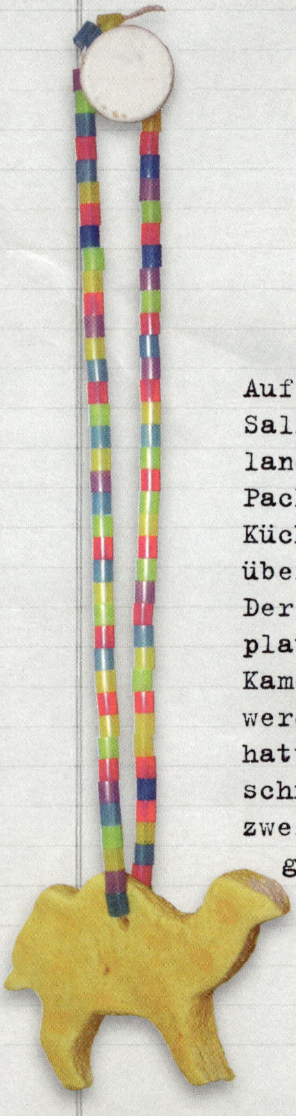

Auf dem Weg zu einer Salzteigkarawane landete eine halbe Packung Salz auf Küchenanrichte und Boden, und Wasser ergoss sich über die Kleine und das übrig gebliebene Salz. Der Großen plumpste die Mehlpackung vom Tisch und platzte auf. Aber irgendwann konnten doch noch Kamele mit Filzstiften und Wasserfarben verziert werden (natürlich erst, nachdem wir getestet hatten, ob Salzteigplätzchen wirklich nicht schmecken). Folgende Mischung, die nach dem Formen zwei Stunden im Backofen bei geringer Hitze getrocknet wird, hat sich bei uns bewährt:

1 Tasse Salz
2 Tassen Mehl
1 Tasse Wasser

Wir spielten reihum „Ich packe meine Kameltasche und nehme mit ...“. Jeder dachte sich einen neuen Gegenstand aus und wiederholte noch die vorigen, bis wir wirklich so viel zu packen hatten, dass wir uns nicht mehr an alles erinnern konnten.

In unserem Freundeskreis bereitete sich eine Familie auf ihren Umzug vor. Als wir die neue Adresse herausgefunden hatten, schickten wir Post voraus, damit sie nicht ganz alleine ankommen würde. Vielleicht kennen Sie auch eine Familie in Ihrem Freundeskreis oder in der Nachbarschaft, die gerade einen Umzug zu bewältigen hat? Wie wäre es mit einer kleinen Aufmunterung, einer Erinnerung, dass sie nicht alleine ist? Denn Gott geht überall mit!

Abraham bekommt ein Versprechen

1. Mose 13,16,
1. Mose 15,5,
1. Mose 18,1–15
und
1. Mose 21,1–7

Gott hält, was er verspricht

Neulich durfte ich mit meinen Töchtern eine Freundin besuchen, die nur wenige Stunden zuvor einen Jungen geboren hatte. Vor dem Haus flatterte eine stolze Willkommensflagge. In gebührendem Abstand standen wir staunend vor den beiden. Meine Zweijährige schaute wieder und wieder vom Baby zu meiner Freundin und fragte schließlich fassungslos: „Und das Baby ist wirklich aus dem Bauch rausgekommen?“ Ich lächelte, aber ich muss zugeben: Auch für mich ist das immer wieder ein Wunder.

Wie sehr sich Abraham wohl gewundert haben mag, als Gott ihm im hohen Alter das Versprechen gab, er würde Nachkommen so zahlreich wie die Sterne am Himmel und Sand auf der Erde bekommen? Dieses Versprechen bekräftigte Gott auch vor der betagten Sarah, indem er zwei Engel als Besucher zu Abrahams Zelten schickte, die mit einem Festessen begrüßt wurden. Sarah belauschte die Männer, als sie über die Ankündigung der Schwangerschaft sprachen, konnte aber nur lachen, weil ihr das absurd erschien. Wie viel größer muss das Staunen gewesen sein, als ihr Bauch tatsächlich dicker und dicker wurde und schließlich Isaak auf die Welt kam.

Wir bauten uns ein Abraham-und-Sarah-Zelt auf der Terrasse, in dem die Engel Gottes empfangen wurden. Wie wäre es mit einer Nacht im Zelt? Wenn es Winter ist, stellen Sie doch eine Strandmuschel im Wohnzimmer auf. Auch auf dem Dachboden ist das ein großes Abenteuer. Vielleicht laden Sie Freunde ein oder die Kinder dürfen Mittagessensgäste nach Kindergarten und Schule mitbringen? Was meinen Sie, wie die Kinder staunen, wenn dann auch noch in einem Zelt oder einer Strandmuschel gegessen wird!

Wer die Zelte lieber etwas kleiner hat, kann sie ganz einfach aus Papptellern basteln. Wenn die Rückseite unbeschichtet ist, lassen sie sich prima verzieren. Dann bis in die Mitte einschneiden, überlappend zusammentackern und zu einem Zelt aufstellen.

Wir untersuchten Sand unter der Lupe. Als die Kinder noch sehr klein waren (und ständig die kleinen Körner in den Mund stecken wollten), zog ich Schmirgelpapier vor. Wir stellten fest, dass es unmöglich ist, Sandkörner zu zählen. Ich weiß nicht, was es damit auf sich hat, aber sobald meine Zweijährige Sand aus der Ferne sieht, fängt sie an, ihre Socken und Schuhe auszuziehen. Und jedes Mal wandern die unzähligen Körner dann in Hosenaufschlägen, Pulloverfalten und zwischen kleinen Zehen mit ins Haus. Mir reicht schon so eine einzelne Ladung, um mir die Vielzahl der angekündigten Nachkommen vorstellen zu können …

1

Wer keine sandessenden Kinder (endlich liegt diese Phase hinter uns!) oder knirschende Fußböden scheut, kann mit Sand herrliche Bilder kleben. Dafür schnitten wir Sterne aus Pappe und klebten sie an Korken zu Sternenstempeln. Die Sternenflächen wurden mit Tapetenkleister bestrichen, auf Leinwände gestempelt und diese dann mit buntem Sand bestreut.

3

2

Suchen Sie gemeinsam in Familienalben (oder in den unzähligen Bildern auf Ihrer Festplatte) nach Babyfotos und staunen Sie über dicke Bäuche und Fotos von winzigen Wunderwerken. Erinnern Sie sich an die Vorfreude auf die Geburt, an die ersten Stunden danach und staunen Sie, wie schnell aus diesen Babys größere Kinder geworden sind. Lassen Sie die Kinder ein Lieblingsbabyfoto aussuchen und gestalten Sie gemeinsam Bilderrahmen mit Sternen als Erinnerung an das Versprechen Gottes.

Vielleicht erleben Sie eine Nachtwanderung oder machen es sich unter einem Dachfenster mit Blick in den Himmel gemütlich. Während die Sternchennudelsuppe noch dampfend in den Schälchen steht und abkühlen muss, werden Sternchen gezählt. Vielleicht gibt es für dieses Gericht auch besondere Sternenteller?

Außerdem bastelten wir unzählige Bügelperlensterne. Manche leuchten sogar im Dunkeln. Und jeder Stern erinnert daran: Gott hält, was er verspricht!

1. Mose 24

Gott will das Beste für mich

Als Eltern wollen wir das Beste für unsere Kinder. Genau so ging es Abraham, als er nach damaliger Tradition auf der Suche nach einer Frau für seinen Sohn Isaak war. Es war ihm wichtig, dass Isaak eine Frau finden würde, die ähnliche Werte wie er kennengelernt hatte. So schickte Abraham seinen Diener Eliëser in die 800 Kilometer entfernte Heimat. Eliëser baute bei dieser Suche auf Gottes Hilfe: Er würde am Ziel der Reise an einem Brunnen eine junge Frau um Wasser bitten. Wenn diese auch die Kamele tränken würde, wollte der Diener das als Zeichen Gottes sehen, dass sie die Auserwählte ist. Tatsächlich versorgte die von Eliëser angesprochene Rebekka nicht nur ihn, sondern auch die Tiere mit Wasser. Sie wurde mit Armreifen und Brautgeschenken überrascht, es gab ein Festessen mit ihrer Familie und Rebekka zog zu Isaak. Weiter wird erzählt, wie Isaak und Rebekka sich verliebten und heirateten.

Ich glaube, dass nicht nur Abraham als Vater das Beste für seinen Sohn Isaak wollte, sondern auch Gott. In dieser Geschichte wird für mich deutlich, dass Gott Interesse an unseren Anliegen hat und wir wirklich mit allen Bitten zu ihm kommen dürfen!

Wenn meine Töchter die Wahl haben zwischen Kostüm- und Bastelkiste, entscheiden sie sich oft dazu, selber kreativ zu werden. Basteln Sie Umhängekamelkostüme aus großen Kartons: Der Boden wird ausgeschnitten und die Kinderbeine werden zu Kamelbeinen.

Wussten Sie, dass Kamele ein bis zwei Wochen ohne Wasser auskommen und dann in nur zehn Minuten wieder eine ganze Badewanne leer trinken? Probieren Sie aus, wie viele Gefäße wie oft am Waschbecken gefüllt werden müssen, um eine Badewanne voll zu bekommen. Und dann reicht das gerade mal für ein einziges Kamel! Vielleicht wollen Sie auch einen Eimerparcours im Freien aufbauen, einen gefüllten Eimer zwölf Mal hin- und herschleppen und umfüllen, um ein imaginäres Kamel zu tränken? Unser Uropa hat in seinem Garten einen Brunnen. Hier konnten wir ausprobieren, wie schwer es ist, einen Eimer voll Wasser zu schöpfen.

Wir stellten uns vor, durstige Diener zu sein, beklebten Strohhalme mit Moosgummi, bemalten Becher und veranstalteten ein Wasserwetttrinken. Wer schafft einen Becher am schnellsten oder wer trinkt in einer bestimmten Zeit am meisten?

Do-it-yourself-Armreifen

Fertigen Sie Armreifen an. Für meinen persönlichen Favoriten benötigen Sie einen durchsichtigen Schlauch aus dem Baumarkt, der von der Länge um Ihren Arm passt. Gefüllt wird er mit kleinen Fetzen von Seidenpapier und allen möglichen winzigen glitzernden Dingen. Als Verschluss dient entweder von innen ein passender Holzdübel oder er wird mit einem etwas größeren Schlauchstück von außen umschlossen.

Aus Toilettenpapierrollen und Klebeband lassen sich funkelnde Armreifen mit Glitzerkram oder Zuckerperlen herstellen.

Die Kleine hat gerade das Schneiden für sich entdeckt. Für Strohhalmarmreifen werden Trinkhalme in kleine Schnipsel zerstückelt und dann aufgefädelt.

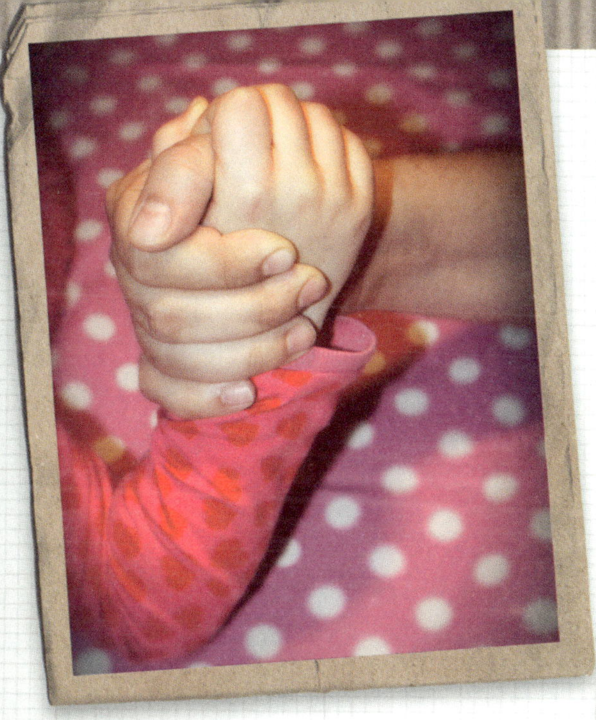

Rebekka muss für das viele Wasserschleppen ganz schöne Kräfte gebraucht haben. Meine Mädels lieben Armdrücken. Sie jauchzen vor Freude, wenn sie gegen den (augenzwinkernden) Papa zu gewinnen scheinen und dann nur ganz knapp unterliegen. Veranstalten Sie einen Familienarmdrückwettbewerb.

Bei Rebekkas Familie gab es ein großes Festessen und auch zur Hochzeit wird es jede Menge Köstlichkeiten gegeben haben. Verzieren Sie Lebkuchen oder Muffins, gehen Sie dabei verschwenderisch mit Zuckerperlen und Herzchen um und drücken Sie an einem Tag in dieser Woche ruhig ein Auge zu. Feiern Sie und denken Sie daran: Gott will immer das Beste für die Kinder und auch für Sie!

Jakob und Esau

Gott hält zu mir

1. Mose 25,19–34 und 1. Mose 27,1 bis 1. Mose 33,16

Ich erinnere mich an diesen einen Tag, an dem mein Zwillingsbruder und ich mit den Schulranzen in der Haustür stecken blieben, da jeder Erster sein wollte. Die biblische Geschichte der ungleichen Zwillinge erzählt von dem häuslichen, zweitgeborenen Jakob, dem Mamasöhnchen. Er kaufte seinem hungrigen Bruder Esau mit einem Linsengericht die Rechte und das zusätzliche Erbe als Erstgeborener ab. Außerdem berichtet die Geschichte von dem Moment des Betrugs, als Jakob mit Fellen an seinen Armen dem sehschwachen und alten Vater Isaak eine haarige Haut vortäuschte und damit den Segen ergaunerte. Umso überraschender, dass der Vater ihn mit segnenden Worten auf seine Flucht vor dem Bruder verabschiedete. Außerdem bekam Jakob von Gott Schutz und Begleitung zugesagt sowie das Versprechen, dass Gott ihn nicht verlassen wird. Diese Gewissheit wünsche ich meinen Kindern: Gott hält zu uns!

Meine Töchter lieben hölzerne Kochlöffelfiguren. Die Geschichte kann gut mit Kochlöffelzwillingen erzählt werden, die mit Wolle und Stoffresten beklebt wurden.

Normalerweise sind meine Kinder keine Linsensuppenfans, aber gemeinsames Gemüseschnippeln und Kochen weckt Neugierde. Alternativ gibt es Linsen mit schwäbischen Spätzle. Gegessen wird aus bemalten Schälchen. (Achten Sie darauf, rechtzeitig ins Wohnzimmer zu kommen, wenn Ihr Sprössling die Porzellanstifte hervorkramt und mithilfe eines Stühlchens den Geschirrschrank leer räumt, um das feine weiße Porzellan ebenfalls bunter zu gestalten ...)

Ich bestellte – aufgrund meines nicht vorhandenen grünen Daumens – etwas skeptisch ein Keimglas. Eine Portion Linsen im Glas einweichen und nach zwölf Stunden das Wasser abgießen. Bei uns gab es schon an Tag eins große Aufregung, als die winzigen weißen Spitzen der Sprossen zu sehen waren, und die Kinder wurden begeisterte Beobachter. (Das Verkosten allerdings verlief etwas zurückhaltender.)

Werden die Linsen nicht gegessen, dann werden sie genau betastet, wie Isaak das mit Jakob tat. Wir legten dafür auf doppelseitigem Klebeband Muster. Füllen Sie Schüsseln mit den trockenen Hülsenfrüchten und vergraben Sie die Hände darin. (Das muss übrigens nicht unbedingt harmonisch geordnet ablaufen. Unsere Oma war völlig entsetzt, als sie uns besuchte und die Kinder gerade in den Schüsseln fühlten, der Boden schon gesprenkelt war und weitere Linsen durch die Luft flogen. Die Linsen eignen sich aber auch danach noch zum Keimen. Und der Familienalltag von Jakob und Esau verlief schließlich ebenfalls alles andere als harmonisch.)

Genug von Linsen? Dann werden die Augen verbunden und tastend Oberflächen erraten. Woran würden Sie Familienmitglieder blind erkennen? Für eine behaarte Esauverkleidung schnitten wir Toilettenpapierrollen auf und beklebten sie mit Wollresten und künstlichen Fellstücken. Esau hatte bestimmt einen Bart. Basteln Sie Bärte an Schaschlikspießen und halten Sie Familienfotos der etwas anderen Art fest.

Jakob sah in seinem Traum auf der Flucht nicht nur Engel, sondern hörte auch die Stimme Gottes, die ihm trotz seines Betrugs Schutz zusicherte und zusagte, ihn nie zu verlassen und alle Versprechen zu erfüllen. Meine Töchter lieben und tragen Schlüsselbänder (auch wenn ich ihnen noch selten Schlüssel anvertraue). Schneiden Sie aus buntem Papier einen Engel, der einlaminiert und gelocht und damit zu einem Engelschlüsselanhänger wird. Der erinnert daran, dass Gott uns nie verlässt.

Jakob und Esau hatten sich viele Jahre nicht gesehen, bis es endlich zur Umarmung kam. Gestalten Sie Versöhnungspostkarten, wenn ein „Entschuldigung“ schwerfällt. Ich erinnere mich an meine eigenen Bildchen und freue mich heute über die Versöhnungsbotschaften meiner Töchter auf ähnlich kleinen Zetteln. Sprechen Sie als Familie über Ihre Wünsche, wie Versöhnung dem Gegenüber einfacher gemacht werden kann. Üben Sie sich an Ich-Botschaften und dem Vermitteln eigener Gefühle, beobachten Sie Kinder, wenn Erwachsene sie um Verzeihung bitten, und feiern Sie ein Versöhnungsfest mit der Gewissheit: Gott hält in Streit und in Versöhnung immer zu mir!

1. Mose 37,1 bis 1. Mose 46,34

eine ganz persönliche Pharaonen-Gipsabdruck-Maske

Gott meint es gut mit mir

Ich ertappe mich viel zu oft beim Grübeln darüber, was andere über mich denken könnten: Mütter auf dem Spielplatz, Wartende an einer Supermarktkasse (wenn wir gerade wieder ein besonderes Theater aufführen), Restaurantbesucher oder Freundinnen und Familie.

Ich frage mich, wie Josef es über all die Jahre verkraftete zu wissen, dass seine elf Brüder ihm ganz bewusst schaden wollten. Ihm, dem Lieblingssohn von Vater Jakob, der ihm einen besonders bunten Mantel schenkte. Zusätzlich zog Josef durch seine Träume den Neid der Brüder auf sich. Er wurde von ihnen nach Ägypten verkauft, wurde als Sklave in einem vornehmen Haus Opfer einer Verschwörung, landete im Gefängnis und deutete dort durch Gottes Hilfe Träume. So gelangte er nach langer Zeit an den Hof des Pharaos, wo er erneut Träume auslegte. Damit wurde er zum Berater am Hof, beugte einer großen Hungersnot vor, konnte schließlich mit dem angesammelten Korn sogar seinen bittenden Brüdern aushelfen und versöhnte sich. Am Ende der Geschichte wird Josefs Gewissheit Realität: Wie böse es andere mit ihm auch meinten, Gott meinte es gut mit ihm. Diese Sicherheit wünsche ich nicht nur meinen Kindern, sondern auch mir!

In dieser Geschichte kann die Kostümkiste gar nicht voll genug sein für Hirtenumhänge, den bunten Mantel, Sklavenkleidung, das Gefängnis-outfit und ein Gewand am Hof des Pharaos. Die Kinder durften sich in den Kostümen fotografieren lassen und Pappteller als Bilderrahmen vornehm ägyptisch bekleben.
Für den Thron des Pharaos ummantelten wir einen Stuhl mit Goldfolie und legten ein purpurrotes Hundekissen mit Troddeln obenauf.

Wer keine Kostüme zur Verfügung hat, verwandelt ein altes Erwachsenen-T-Shirt in einen bunten Umhang. Ein anderes wird zur gestreiften Gefängniskleidung. Aus goldenen Wärmedecken für den Erste-Hilfe-Kasten lassen sich Umhänge schneiden und bekleben, die mit bemalten Holzwäscheklammern an den Schultern halten (auf denen Glitzersteine auch gut aussehen). Aus der Babyzeit hatten wir unzählige Mullwindeln übrig, die mit Filzstiften bemalt zu ägyptischen Kopfbedeckungen wurden.

Eine gute Freundin überließ mir einen ganzen Stapel Stoff- und Tapetenmusterbücher. Wir suchten uns daraus passende Stoffstückchen, schnitten kleine Kleider aus und gestalteten uns Josef als Anziehpuppe, die in verschiedene Rollen und Kleidungsstücke schlüpfen kann.

Aus Haferflocken und weiteren gesunden Zutaten rührten wir unsere eigene Müslimischung an und formten sie mit den Fingern zu kleinen Streuseln. Knusprig werden sie durch die Zugabe von drei Eiweiß und ausreichend Abkühlzeit nach dem Backen. Die 40 Minuten, die die Müsliklümpchen im Ofen bei 160 Grad backen, werden dazu genutzt, um die Zutatenüberreste aus dem letzten Winkel der Küche zu fegen ...

Um den Aspekt des Teilens und Verteilens deutlich zu machen, füllten wir unsere Müslimischung in kleine Gläser und verschenkten sie an Freunde.

200 g Haferflocken
50 g gehackte Mandeln
50 g Kokosflocken
2 EL Sesamkörner
= 4 Gläser Vorratsmüsli

120 ml Rapsöl
4 EL Honig
und Ahornsirup
untermischen

Wir lieben bunte Kleidung und farbenfrohe Stoffe! Schon vor Entdecken meiner Nähleidenschaft hätte ich auf Stoffmärkten meterweise Traumstöffchen in Pink und Rosa, in Türkis und Pistaziengrün kaufen können. So ein bunter Mantel hätte uns mit Sicherheit auch gefallen. Gleich nach der Begeisterung für Stoffläden kommt bei uns die für Wollläden, und für diese Geschichte fanden wir besonders bunte Knäuel. Mit der Großen webten wir in einem umfunktionierten Bilderrahmen. Mit der Kleinen wickelten wir Wolle um zwei über Kreuz gelegte Schaschlikspieße. So ließen wir eigene bunte Josef-Stöffchen entstehen.

Ich füllte Maiskörner in ein Vorratsglas, die von uns geschätzt und anschließend natürlich gezählt wurden. Zählen zu üben ist schließlich unsere große Leidenschaft. (Hätten Sie gedacht, dass wir hier bis 1420 zählen mussten?)

Natürlich durfte in dieser Woche auch ein Familienfestessen nicht fehlen. Dazu gab es Toast mit Frischkäse und bunten Zuckerstreuseln für die verschiedenen Mäntel der Brüder und einen Pyramidenkuchen. Wenn es so richtig schmeckt, dann wird auch heute deutlich: Gott meint es gut mit mir!

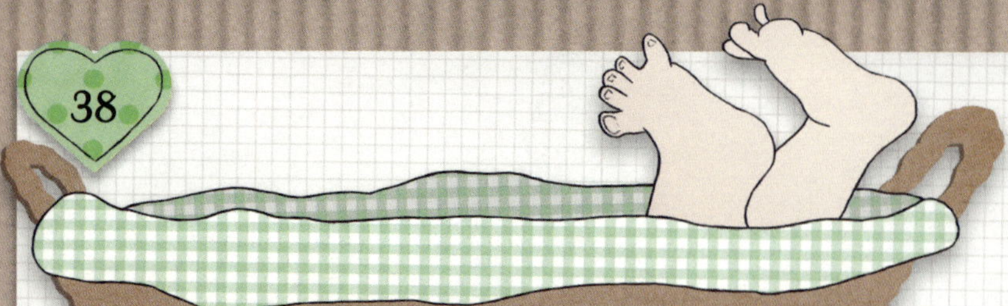

Ein Auftrag für Mose

2. Mose 2,1 bis 2. Mose 13,16

Gott hat Großes mit mir vor

Ich bin sprachlos, wenn ich an die Sorgen, aber auch den Mut dieser israelitischen Mutter denke. In ihrer Verzweiflung bastelte sie ein Versteck für das Baby Mose im Schilf des Flusses Nil, um ihn vor der grausamen Geburtenregelung des ägyptischen Pharaos zu retten. Und ich bin beeindruckt angesichts des Aufwands, den Gott betrieb, um genau diesen kleinen Jungen zu beschützen und ihm später seinen Auftrag mitzuteilen. Gott gab ihm die große Aufgabe, das unterdrückte Volk Israel aus Ägypten hinauszuführen. Und Mose? Der lehnte erst mal ab. Zu groß schien ihm die Aufgabe, zu klein sein eigenes Können. Oh, wie bekannt mir das vorkommt! Sobald ich meine, etwas im Griff zu haben, läuft es besonders aus dem Ruder (heute in Form eines Kleinkinds, das sich mit einer Tüte Kakaopulver in meinem Bett versteckte, um daraus mit der Hand zu essen und das Pulver um sich zu verteilen). Aber bei Mose lief auch nicht alles nach Plan. Und doch arbeitete Gott mit diesem Menschen zusammen, um sein Volk zu retten. Er ließ Plagen über die Ägypter kommen, um seine Entschlossenheit und Größe zu zeigen, während das Volk Israel das erste Passahfest als Befreiungsfest feiern sollte. Gott hatte Großes mit Mose vor. In dieser Woche staunen wir über seine Geschichte und sind gespannt, was Gott mit uns vorhat!

Wir flochten Körbchen aus Moosgummistreifen und ließen sie im Waschbecken schwimmen. Und weil Baby Mose in seinem Versteck von der großherzigen Tochter des Pharaos gerettet wurde, gestalteten wir Pappteller zu ägyptischem Halsschmuck um.

Meine Mädels verwandeln sich gerne mithilfe unserer Verkleidungskiste in Mose, und der Papa wird zum Pharao, der zunächst die Befreiung verweigert. So kam es, dass unserer damals Zweijährigen ein Erwachsenengespräch zu lange dauerte, sie sich vor unserem Gesprächspartner aufbaute und energisch forderte: „Lass mein Volk zieh'n!“

Mose erfuhr seinen Auftrag vor dem brennenden Dornbusch, wo Gott ihm befahl, aus Ehrfurcht seine Schuhe auszuziehen. Basteln Sie Ihre eigenen Mose-Sandalen. Aus ausrangierten Schaumstoffplatten und Stoffbändern entsteht eine bequeme Variante. Außerdem lässt sich Moosgummi mit Musterbeutelklammern ganz flott in bunte Sandalen verwandeln. Schneiden Sie das Moosgummi in Kreuzform und heften Sie die beiden kurzen Enden übereinander. Mose arbeitete zur Zeit der Geschichte zwar als Schafhirte, aber ein klein wenig wollten wir unsere Sandalen dennoch verzieren. Bekleben Sie für den brennenden Dornbusch Gläser mit Seidenpapier und Ästen aus dunklem Tonpapier. Mit einem Teelicht im Glasinneren scheint der Busch zu brennen, aber er verbrennt doch nicht.

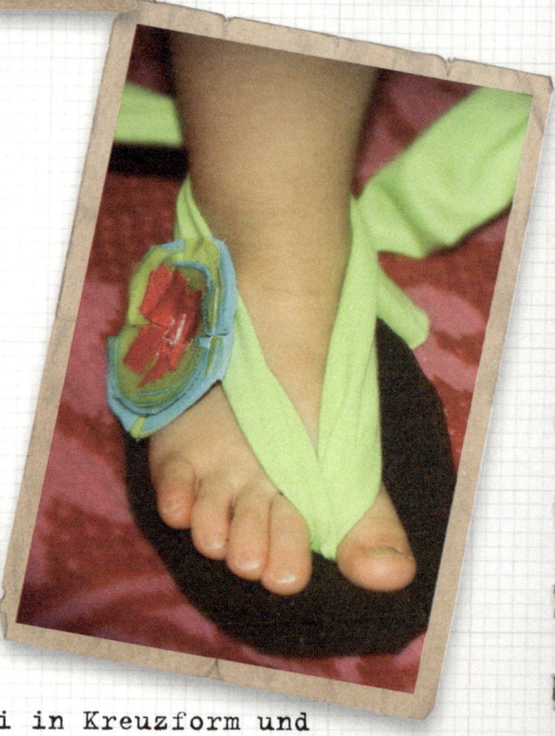

Ich grübelte lange, wie man die Plagen begreifbar machen könnte, die Schrecken und Trauer über die Ägypter brachten. Ich versuchte es aus Sicht eines frustrierten Froschkinds, das immer wieder zu hören bekommt, es sei eine Plage. Dank seines Großvaters erkennt es aber, wie Gott unter anderem Frösche einsetzte, um das Volk Israel aus der Sklaverei zu retten. Wir verwandelten hölzerne Wäscheklammern mit grünen Filzstiften, Papier und Kulleraugen in Frösche und erfanden damit ein Hüpfspiel.
Wer hinten auf den Wäscheklammerfrosch drückt und ihn am geschicktesten loslässt, dessen Frosch hüpft am weitesten.

Aus grünen Einwegbechern und Kinderhandabdrücken wurden Trinkbecherfrösche. Und aus Tiefkühlerbsen, Gemüsebrühe, Zwiebeln und Sahne kochten wir in 20 Minuten eine herrlich grüne Froschsuppe, die unter diesem Namen sogar den Kindern schmeckt.

Im Wald bestaunten wir einen Frosch, und auf dem Heimweg hüpfte uns eine Heuschrecke über den Weg, die genauer beobachtet werden musste.

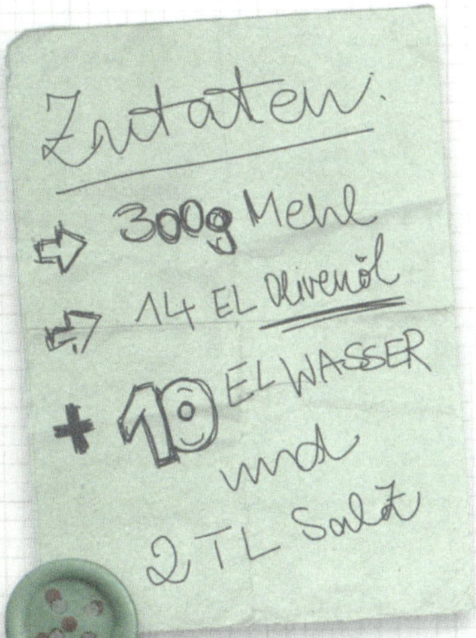

Wir feierten ein Volk-Israel-Befreiungsfest. Ungesäuertes Brot gibt es abgepackt zu kaufen. Oder Sie backen es selber aus 300 g Mehl, 14 EL Olivenöl, 10 EL Wasser, 2 TL Salz und, nein, keiner Hefe (denn die Israeliten sollten sich keine Zeit mehr nehmen, den Teig gehen zu lassen). Auf Backpapier ausrollen und bei mittlerer Temperatur 15–20 Minuten im Ofen backen. Dazu gab es bei uns ähnliche Gerichte wie beim Passahfest: Salat, Rohkostplatte mit Meerrettichquark, Fleischspieße, Kroketten, Hühnersuppe, mit Honig glasierte Karotten und Fischstäbchen. Wir tranken roten Traubensaft und Wasser, aßen zum Nachtisch Apfelmus und Nusskuchen und erinnerten uns daran, wie Gott große Aufträge erteilt und auch bei deren Umsetzung hilft.

MOSE
IN DER WÜSTE

2. Mose 13,17 bis 2. Mose 16,36

Gott bewahrt und begleitet mich

Von dem Moment an, als sich das Volk Israel auf der Flucht aus der Sklaverei in Ägypten befand, erlebte es die wundervollsten Dinge mit Gott, der es bewahrte und leitete. Wie beeindruckend muss es gewesen sein, durch ein trockenes Meer zu wandern. Wie sehr muss die Fürsorge Gottes greifbar gewesen sein, als es in der Wüste Manna, „Brot vom Himmel“, regnete, Wasser aus Felsen quoll oder Giftschlangen harmlos wurden. Ich wünschte mir für mein Leben außerdem in so manchen Entscheidungen auch eine Wolken- oder Feuersäule, die mir deutlich macht, wohin und wie es weitergehen soll. Was für ein faszinierender Gedanke, dass Gott heute noch derselbe Gott ist und mich und meine Familie auch in unserem Leben bewahrt und begleitet!

Auf unsere Kinder wirken diese blauen Gel-Kühlkissen verblüffend beruhigend. Als geteiltes Meer bastelten wir eine eigene Variante. Ich drückte eine Tube für Kinder unbedenkliche, glitzernd blaue Zahnpasta in eine kleine Gefriertüte mit Zippverschluss (je mehr Zahnpasta, desto besser!). Außerdem kamen winzige Muscheln, kleine Fische und Seesterne dazu. Es fühlt sich großartig an, die (leicht nach Pfefferminz duftenden) Meereswogen hin- und herzuschieben und einen Gang für das Volk Israel zu drücken.

Wir lieben Luftballons. Für das Meer werden so viele Ballons aufgepustet, bis der Fußboden bedeckt ist. Beim Durchmarsch fliegen sie durch das ganze Zimmer.

Luftballons spielten auch bei der Überraschung für unsere kleine Freundin eine Rolle. Sie wollte ohne ihre große Schwester (die ein Schulkind geworden war) nicht mehr in den Kindergarten gehen. Da wir sie nicht selber begleiten konnten, befestigten wir von der Haustür an Luftballons an Laternen, Zäunen und Schildern bis zur Tür ihres Kindergartens. Es regnete während unserer frühmorgendlichen Aktion in Strömen, aber Überraschung und Wegbegleitung waren gelungen!

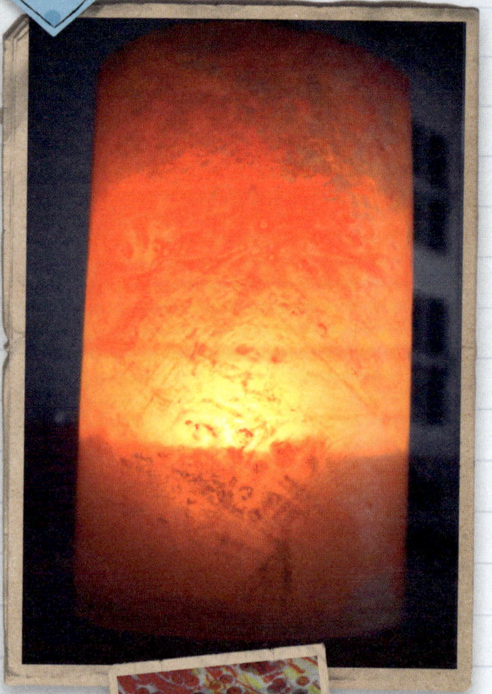

Basteln Sie für leuchtende Feuersäulen Laternen aus Papiertüten, die mit Schnipseln von Transparentpapier beklebt werden. Mit der Großen tropfte ich Kerzenwachs auf Butterbrotpapier und wir bemalten die Zwischenräume mit Wachsmalkreiden. Zum Bügeln kam auf dieses Wachskunstwerk saugfähiges Papier (das ausreichend groß sein muss, um das Bügeleisen vor dem flüssigen Wachs zu schützen!) und ein Geschirrhandtuch. Das Wachs zerfloss zu einem faszinierenden Muster, das schön schummrig leuchtete, nachdem wir das Butterbrotpapier zu einer Rolle zusammengeklebt und eine Kerze hineingestellt hatten.

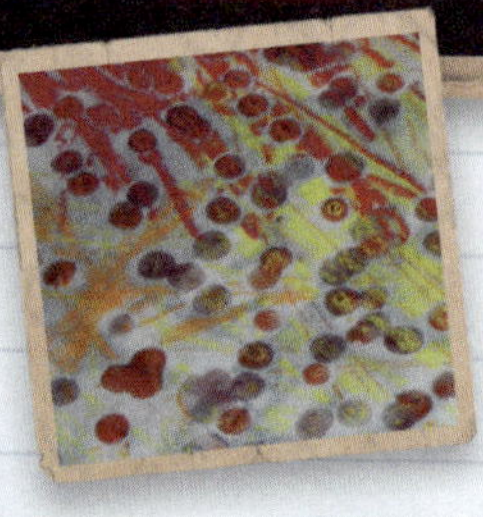

Das Volk Israel wanderte und wanderte und wanderte ... Wie wäre es mit einer gemeinsamen Wanderung? Mit Feuersäulenlaterne? Oder Sie entschließen sich dazu, diese Woche das Auto so oft wie möglich stehen zu lassen, Besorgungen und Einkäufe zu Fuß zu erledigen und alles Hab und Gut ohne Fahrzeug zu transportieren.

Während seiner Wanderung wurde das Volk immer wieder neu daran erinnert, auf Gott zu schauen und seiner Bewahrung und Begleitung zu vertrauen. Als die Menschen von giftigen Schlangen gebissen wurden, mussten sie auf die von Mose errichtete eiserne Schlange schauen, um zu überleben. Im nahe gelegenen Zoo konnte ich an einem Familientag Schlangenhaut gegen eine Spende ergattern und freute mich darauf, wie erlebbar damit diese Geschichte werden würde. Meine Kinder weigern sich bisher allerdings, die Haut zu befühlen, und bestaunen sie nur aus sicherem Abstand. Unsere Papptellerschlangen finden sie dafür umso vertrauenswürdiger.

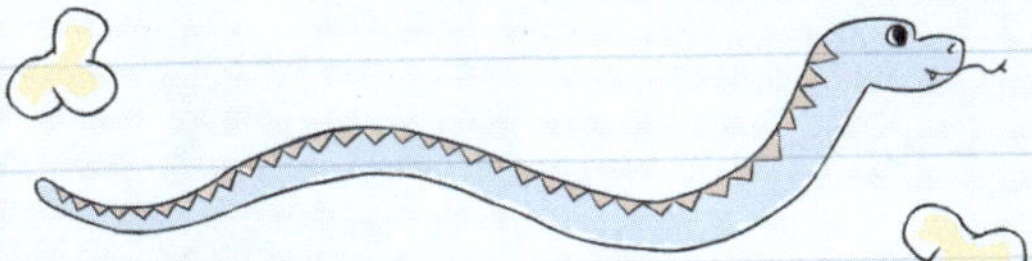

Wenn ich an das Mannabrot denke, erinnert mich das an meine Kindheit. Unsere Uroma füllte damals Öl und Maiskörner in einen Topf und stellte ihn auf die heiße Herdplatte. Wenn wir hörten, wie die Körner an den Deckel ploppten, nahm sie ihn ab und das Popcorn flog in hohem Bogen durch die Küche und konnte vom Boden aufgesammelt werden. Beim Versuch, das mit meinen Kindern zu erleben, wurde die Kleine von einem Popcorngeschoss am Kopf getroffen. Ich empfehle also einen gebührenden Abstand und etwas Zucker im Topf, denn das Manna soll schließlich auch süßlich geschmeckt haben. Und denken Sie daran: Es konnte unter der Woche nichts aufbewahrt werden. Also gönnen Sie sich und den Kindern einen großen Topf, futtern Sie bis zum letzten Korn und freuen Sie sich an dem leckeren Himmelsbrot!

KUNDSCHAFTER IM NEUEN LAND

4. Mose 13,1 bis 4. Mose 14,45

Gott will mir helfen

Endlich stand das Volk Israel vor dem versprochenen Land. Das Leben in der Wüste sollte bald zu Ende sein und Gott wollte einen Neuanfang ermöglichen. Zwölf Kundschafter, also Spione, wurden ausgesandt, um Gegend und Einwohner auszuspähen. Die Kundschafter fanden die versprochenen Köstlichkeiten vor: Vielfalt an Obst, riesige Trauben, die nur zu zweit getragen werden konnten, und Überfluss, verdeutlicht dadurch, dass „Milch und Honig fließen". Aber was machten die Kundschafter (bis auf Josua und Kaleb)? Sie sahen die hohen Mauern der Städte und die riesigen Menschen, die dort lebten, und schafften es nicht mehr, Gott zu vertrauen. Als Angsthase, der ich nun mal bin, kann ich die Bedenken nachvollziehen ... Wie schnell lenken meine Sorgen den Blick vom Guten ab und ich vergesse, dass Gott über allem steht und mir im Alltag helfen will. Ich möchte mir und uns den Perspektivenwechsel schenken lassen, der das Gute ins Bewusstsein rückt und die Angst ganz klein werden lässt. Ich wünsche meinen Mädels ein Vertrauen in Gottes Hilfe, wie Josua und Kaleb es hatten, und möchte meinen Teil dazu beitragen, es zu entdecken und zu entwickeln!

Im Urlaub bestaunten wir Bienenstöcke.

Wie groß müssen die Augen der Kundschafter gewesen sein, als sie nach der Zeit in der Wüste vor grünen Wiesen und beladenen Obstbäumen standen. Besuchen Sie eine Markthalle, einen Markttag oder die Obst- und Gemüseabteilung im nächsten Supermarkt. Staunen Sie über die Sorten, die Sie dort entdecken. Jeder bestimmt eine fremde Sorte, die gemeinsam erschnuppert, gemalt und probiert wird. Noch leckerer wird das, wenn (nicht Milch und Honig, sondern) Schokolade fließt. Unsere Kleine war hin und weg, als es zu ihrem Geburtstag ein Obstbuffet mit Schokobrunnen gab. Aus Zahnstochern bastelten wir Obstpicker mit hübschen Fähnchen.

Wir stellten uns vor, die Kundschafter zu sein. Aus grünen Luftballons wurden riesige Trauben, die von den Kindern an einer leeren Geschenkpapierrolle durchs Haus und über Hindernisse getragen wurden. Wir kauften die beeindruckendsten Weintrauben, die wir finden konnten, reihten sie der Größe nach auf und vertilgten natürlich alle.

Unsere Gästepantoffeln sammeln sich in einem überdimensionierten Schuh. In diesen schlüpften wir hinein und stellten uns vor, wie groß der Riese sein muss, der so einen Hausschuh trägt. Und wie sehr sich die Kundschafter gegruselt haben ... Aus Filz tackerten wir uns Riesenschuhe und stapften furchteinflößend durch den Raum.

Wir trafen uns mit einem Imker und bastelten Kerzen aus Bienenwachs. (Die Honigwaben am besten mit einem Fön erwärmen, damit sie nicht brechen, bevor der Docht eingelegt und die Kerze gerollt wird.) Wir kosteten verschiedene Honigsorten auf Butterbrötchen. Vielleicht erleben Sie einen klebrigen Wellnessabend mit Honigmasken, für die ein Esslöffel Honig im Gesicht verteilt wird.

Milch und Honig flossen in Form von süßen Honigpops in Milch. Und auch sonst beschäftigten wir uns mit Honig und Milch. Wir besuchten einen Kuhstall und halfen der Landessiegerin im Wett-kampfmelken von 1954 bei der Fütterung.
An Gummihandschuhen, in deren Finger wir winzige Löcher gepikt hatten, übten wir Kühemelken (wovon die Mädels kaum genug bekommen konnten und sich einen Wettstreit mit dem Papa lieferten).
Außerdem tranken wir heiße Milch mit Honig.

Wir bildeten Pärchen, bei dem einer mit einer bestimmten Herausforderung unterwegs war. Der andere begleitete ihn auf seiner Wegstrecke und half ihm über und um Hindernisse herum. Vielleicht darf nur auf einem Bein gehüpft werden, die Augen werden verbunden, man muss sich vor der Strecke mehrmals um sich selber drehen ... Balancieren Sie über Baumstämme oder niedrige Mauern, bieten Sie den Kindern Hilfe an oder lassen sich selber helfen. Sprechen Sie über den Halt, der genau dann da ist, wenn wir ihn nötig haben. Genau so, wie Gott dem Volk damals seine Hilfe angeboten und zugesichert hat und das heute für uns immer noch tut!

Josua im Jordan

Josua 3,1 bis Josua 4,24

Gott hat einen guten Weg für mich

„Und jetzt?" Ich kann mir gut vorstellen, dass so mancher aus dem Volk Israel erschöpft und vielleicht auch entnervt vor diesem Fluss Jordan stand, der die Menschen in der Wüste von dem versprochenen Land trennte, und die Frage in die Runde warf: „Und jetzt?" Ich bin beeindruckt von dem Weg, den Gott seinem Volk aufzeigte. Um ganz deutlich zu machen, dass er es ist, der handelt, ließ Gott die Priester mit der goldverzierten Tragekiste für die Steintafeln mit den Zehn Geboten voranlaufen. Das Wasser des Flusses staute sich oberhalb der Priester und lief flussabwärts weiter ab, sodass das gesamte Volk das Flussbett durchqueren konnte. Was muss das für eine Wasserstauwand gewesen sein!

Und damit das Volk diesen Moment nicht vergaß, bekam aus jedem der zwölf Stämme einer den Auftrag, einen Stein aus dem Flussbett mitzunehmen: einen Stein als Erinnerung daran, dass Gott selbst in scheinbar ausweglosen Situationen einen guten Weg parat hat.

Solche Erinnerungen möchte ich mit meinen Kindern auch sammeln.

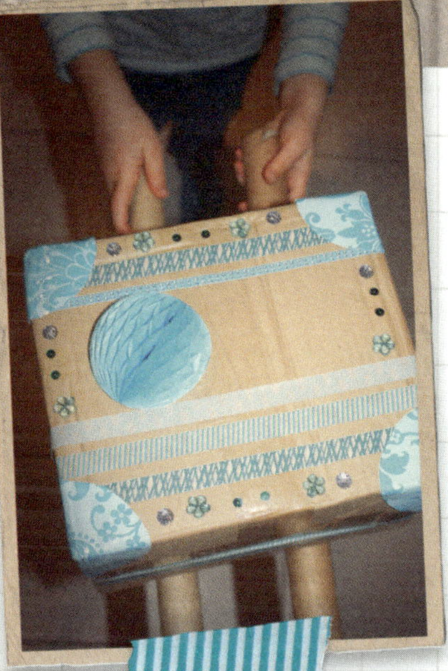

Das Volk Israel hatte in der Wüste am Berg Sinai die Steintafeln mit den Zehn Geboten bekommen, die später in einer besonderen Kiste, der Bundeslade, aufbewahrt wurden. Verzieren Sie einen größeren Karton, setzen Sie ihn auf zwei leere Geschenkpapierrollen und werden Sie zu Trägern der Bundeslade. Bauen Sie sich einen Hindernisparcours und achten Sie darauf, dass der Karton immer gerade bleibt, während Sie einen gemeinsamen Laufrhythmus finden. Mit Begeisterung überwanden wir unseren Kissenparcours – und das nicht nur einmal.

Wir besuchen gerne ein besonderes Ausflugsziel im nahe gelegenen Tal, durch das sich ein kleiner Bach schlängelt. Noch bevor die Picknickdecke ausgebreitet ist, machen sich die Mädels mit dem Papa daran, einen Staudamm zu bauen. Ob mit Gummistiefeln oder barfuß: Es wird gebuddelt und gelacht und gespannt beobachtet, wie das Wasser vor dem Staudamm steigt und dahinter langsam weniger wird. Dann gilt es natürlich, den Damm zu verteidigen.

Ich liebe Grießbrei! Bedecken Sie die Köstlichkeit mit Himbeersoße und lassen Sie die Kinder mit ihren Löffeln Wege bahnen (und Hindernisse aus dem Weg essen).

Für die Jordandurchquerung dachten wir uns ein Spiel mit blauen DIN-A4-Blättern aus, von denen einige auf einer Seite mit einem Fußabdruck versehen werden. Die Blätter – mit der gestalteten Seite nach unten auf dem Boden ausgelegt – bilden den Fluss. Durch Umdrehen der Wasserblätter wird der Weg entdeckt. Wer einen Fußabdruck gefunden hat, darf einen Schritt vorgehen und in der nächsten Reihe wieder ein Blatt umdrehen. Wer nur Wasser hat, stellt sich erneut hinten an, und der Nächste aus der Familie darf entscheiden, welches Blatt er umdreht, um den erhofften Weg zu finden.

Auf einem Luftpolsterfolienweg wird mit nackigen Füßen nachgespürt, wie sich so ein leeres Flussbett mit kleinen (oder großen) Steinen angefühlt haben mag.

Sammeln Sie Steine. Besonders begeistert sind die Kinder dabei, wenn diese erst noch gewaschen und abgetrocknet werden müssen. Dann werden die Schöne-Erinnerungen-Steine mit Wasserfarben bemalt. Ich kaufte im Baumarkt zusätzlich einen ganzen Beutel weißer Kieselsteine.

Jeder suchte sich zwölf Steine aus und hatte Zeit zu grübeln, woran er sich besonders gerne erinnert und wofür er Gott dankbar sein könnte. Das Volk Israel bekam den Auftrag, aus seinen Steinen einen Altar zu bauen. Vielleicht schaffen Sie es auch, Ihre Steine zu stapeln und sich dabei über Ihre Erinnerungen auszutauschen?

Ich blättere sehr gerne in unserem Danke-Buch, in dem wir alle guten Dinge notieren, die wir erlebt haben und für die wir dankbar sind. Wir haben uns dafür ein kleines Buch mit leeren Seiten gekauft. Vielleicht wollen Sie aber auch selber eines tackern und den Umschlag gemeinsam bemalen, bekleben oder mit Fotos verzieren. Nehmen Sie immer wieder Ihre Erinnerungssteine oder das Danke-Buch zur Hand und freuen Sie sich über die Erfahrung: Gott hat einen guten Weg für uns!

Versteckte Kundschafter

Josua 2,1–24 und Josua 6,22–25

Gott rettet mich aus der Not

Diese Geschichte ist nichts für schwache Nerven. Aber sie zeigt mir, wie Gott auf unerwartete Weise aus der Not rettet. Zwei israelitische Kundschafter wollten im Haus von Rahab übernachten. Sie wohnte in Jericho, der befestigten Stadt, die das Volk Israel vom versprochenen Land trennte. Rahab hatte von den großen Wundern gehört, die Gott mit dem Volk vollbracht hatte, und war davon so beeindruckt, dass sie an Gott glaubte. Als nun Soldaten des Königs an ihre Tür klopften, um nach den Kundschaftern zu suchen, wurde Rahab zur Retterin. Sie versteckte die Spione unter Flachsstängeln, die sie auf ihrem Dach trocknete, und schickte die Soldaten in eine falsche Richtung. Den Spionen verhalf sie an einem purpurroten Seil zur Flucht aus ihrem Haus über die Stadtmauer. Dieser Freundschaftsbeweis sollte sie samt ihrer ganzen Familie retten, als die Stadt Jericho gestürmt wurde.

Rahab schöpfte Glauben und Mut aus den Geschichten, die andere Menschen mit Gott erlebt hatten.

Das motiviert mich einmal mehr, die biblischen Geschichten über Gott und seine Rettung intensiver nachzuerleben, um eigenen mutigen Glauben zu entdecken. Zusätzlich möchte ich Ihnen Mut machen, Menschen in Ihrem Umfeld auszukundschaften, die auch etwas von Gottes Wirken in ihrem Leben zu erzählen haben. Wer käme bei Ihnen infrage?

Wir schlüpften in die Rolle von Spionen und spielten Anschleichen. Einer drehte der Familie den Rücken zu und die anderen bewegten sich möglichst leise durch den Raum, ohne von ihm gehört zu werden. Wir bauten einen Hindernisparcours auf, kletterten lautlos über Sofas und Wohnzimmertische und robbten unter Stühlen durch. Wir spannten außerdem kreuz und quer eine Schnur (geben Sie meinen Kindern Wolle und sofort können Sie beobachten, wie diese im Raum verteilt wird!). Mit kleinen Glöckchen daran wurde sie zu einer Klingelschnur, die man nicht berühren durfte, wenn man sich von einer auf die andere Seite des Zimmers schlich.

Wir bastelten und beklebten Ferngläser und Fernrohre aus Papprollen und kundschafteten das Wohnzimmer und die Umgebung aus.

Meine Töchter lieben das Versteckspiel. Wobei die Kleine entweder aufgeregt auf und ab hopst, um möglichst schnell gefunden zu werden, oder sich so gut versteckt, dass wir schon ganze Familiensuchtrupps losschicken mussten. Während ich mich mit dem Gewächs „Flachs“, dem Versteck der Spione, befasste, lernte ich im örtlichen Heimatmuseum in einer Ausstellung über Seilmacherei, dass Flachs beim Ernten aus der Erde gerissen und bis zu zwei Meter hoch zum Trocknen gebündelt aufgestellt wurde. Das konnte ich mir als Versteck nun gut vorstellen.

Flechten Sie gemeinsam! Schließlich konnten die Kundschafter an einem Seil flüchten, das im Verlauf der Geschichte noch eine besondere Rolle spielen sollte. Bleiben Sie geduldig, wenn das Flechten den kleinen Kinderhänden nicht ganz so flott gelingt. Sobald die Große den Dreh raushatte, wurden aber endlos lange Bänder und Freundschaftsbändchen geflochten. Alternativ zu Zöpfen drehen Sie Kordeln aus Wolle.

Vielleicht können Sie sich auch für verschiedene Knoten begeistern? Dann knoten Sie gemeinsam los! Ich bewundere Weberknoten, Palsteks und Achterschlingen. (Das Knüpfen derselben bleibt mir wohl immer ein Rätsel. Für genauere Anleitungen müssten Sie sich eher an meinen Mann wenden …)

Kneten Sie einen Hefeteig und flechten Sie einen langen Zopf (unserer wurde von den Mädels mit der Oma gebacken).

Erinnern Sie sich an diese klebrigen roten Fruchtgummischnüre, die man früher im Freibad kaufen konnte und die in kleine Papiertüten abgepackt wurden? Genau diese werden gemeinsam verspeist zur Feier, dass Gott aus der Not rettet und seine Geschichten uns Mut machen.

Josua und die Mauern von Jericho

Josua 6,1–21

Gott überwindet mit mir die stärksten Mauern

Ich bin fasziniert von dieser Geschichte, in der Gott Josua zusagte, die mit starken Mauern befestigte Stadt Jericho in die Hände der Israeliten zu geben. Und das, noch bevor das Volk Israel überhaupt vor die Stadtmauern gezogen war. Es war kein üblicher Schlachtplan, den Josua dem Volk von Gott überbringen sollte. Er forderte stattdessen eine ungewöhnliche Wanderung: Sechs Tage lang sollte das Volk jeweils ein Mal um die Stadt ziehen. Am siebten Tag sollte es diese sieben Mal umrunden und dann mit Hörnern und Kriegsgeschrei den größtmöglichen Lärm veranstalten. Daraufhin stürzten die Mauern in sich zusammen, das Volk Israel konnte die Stadt Jericho einnehmen und in das verheißene Land Kanaan einwandern.

Mit meinen Kindern möchte ich mich damit beschäftigen, wie Gott den Sieg schon versprochen hat und wie durch seine Kraft die stärksten Mauern fallen. Wenn ich richtig tief in meinen alltäglichen Herausforderungen stecke, dann will ich mir das zurufen. Und mich daran erinnern, dass Gott auch meine Mauern mit mir zusammen überwinden möchte!

Den Bibeltext vertiefte ich für meine Mädels mit zwei zerfledderten Wanderschuhen, die sich erinnern, was sie in der Wüste erlebten haben, und davon erzählen, wie es ihnen beim Umrunden der Stadtmauern erging. Haben Sie alte Schuhe, die nicht mehr getragen werden können? Gestalten Sie daraus Volk-Israel-Wanderschuhe!

Sie können auch Schuhe und Socken ausziehen und die Füße mit Wasserfarben bemalen. Schließlich hatte das Volk Israel wohl kaum Wanderstiefel zur Verfügung. Die bunten Fußsohlen werden auf große Papierbögen oder Leinentücher gestempelt.

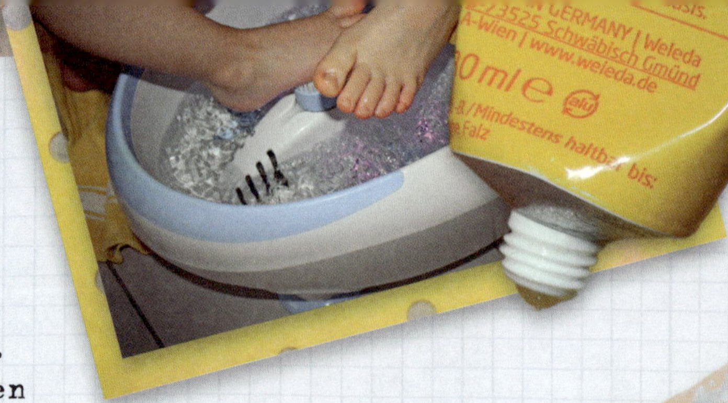

Ich kann mir vorstellen, dass dem Volk nach dieser Wanderei die Füße wehtaten. Auch in unseren Herausforderungen ist manchmal ganz schön Ausdauer gefragt, bis wir spüren oder sehen, dass Gott handelt. Von meinem Mann bekam ich unlängst eine elektrische Fußbadewanne. Ebenso können Sie eine Wanne mit Schaumbad füllen und darin gemeinsam die Füße entspannen. (Um nicht den gesamten Raum zu fluten, werden Handtuchmauern als Dämme gelegt.) Ich wollte schon immer mal Sprudeltabletten aus Natron selber herstellen, aber gekaufte tun es auch. Warum gönnen Sie sich außerdem nicht mal eine Familienfußmassage?

Unsere Große war noch keine drei, als sie sich vor der ersten Kindergartenwanderung Sorgen machte, ob ihre Füße diese schaffen würden. Also backten wir gemeinsam Powerfüße-Butterteig-Plätzchen. Natürlich gab es gleich ein paar mehr für den Rest der Kindergartengruppe, und sie überstand glücklich ihre erste Wanderung. Alternativ stechen Sie in der schnellen Variante Füße aus Vollkorntoast aus.

Sechs Tage lang sollte das Volk ohne Kriegsgeschrei um die Stadtmauern ziehen. Wie wäre es mit einem Stille-Wettbewerb? Natürlich dürfen alle anderen Familienmitglieder Tricks anwenden, um den Schweiger zumindest zum Lachen zu bringen ...

Am siebten Tag erschall dank Widderhörnern und Kriegsgeschrei ohrenbetäubender Lärm. Wie laut schaffen Sie es? Basteln Sie aus Papprohren und Bechern als Trichter Trompeten. Wussten Sie, dass selbst Plastikgießkannen beeindruckende Laute von sich geben, wenn man in die Tülle pustet?

Unglaublich, wie viele Pappkartons sich immer wieder ansammeln. Stapeln Sie daraus eine Stadtmauer, die zum Einsturz gebracht wird, oder schichten Sie Bauklötze, Pappbecher oder Dosen (geräuschlos und nervenschonend fallen Spülschwämme in sich zusammen).

Stapeln Sie Kekse oder backen Sie einen Stadtmauerkuchen und feiern Sie, dass Gott stärker ist als die dicksten Mauern und er auf unserer Seite steht!

Gideons ungewöhnlicher Kampf

Richter 7,1–25

Gott ist stärker als meine Angst

Gott wählte bewusst ein möglichst kleines Heer in diesem ungewöhnlichen Kampf. So konnte das Volk Israel sich nicht einbilden, es hätte den Sieg aus eigener Kraft errungen. Der neue Anführer Gideon sollte in einem ersten Schritt alle ängstlichen Mitstreiter nach Hause schicken. In Schritt zwei wurden die übrigen Männer zu einem Fluss gebracht. Nur, wer in aller Eile mit der Hand das Wasser zum Trinken schöpfte, blieb im Heer. Jeder dieser verkleinerten Gruppe bekam ein Signalhorn und einen Krug mit einer Fackel. Die Männer griffen in der Nacht an. Beim Blasen der Hörner wurden die Tonkrüge zertrümmert, aus denen die Fackeln hervorloderten. Und alle brüllten aus vollem Hals: „Für Gott und für Gideon!“ So besiegte das Volk Israel das gegnerische Heer.

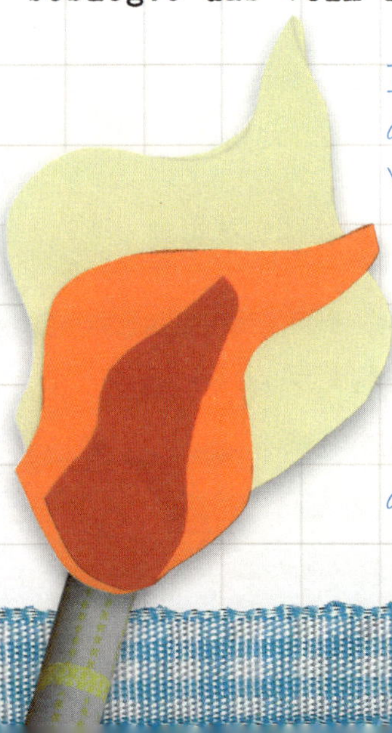

Ich fürchte, ich wäre bereits mit der ersten Gruppe, mit den Ängstlichen, aussortiert worden. Es ist wichtig zu verstehen, warum Gott überhaupt aussortierte: Er wollte seine Größe zeigen. Er wollte den Israeliten deutlich machen, dass sie nicht aus eigener Kraft Siege einfuhren, sondern weil er auf ihrer Seite stand. Darauf möchte ich mich auch mit meinen Kindern verlassen. Ich muss gar nicht immer mutig sein. Auch wenn ich mal Angst habe, darf ich Gott vertrauen, und wir dürfen uns an seiner Stärke anlehnen.

Wir veranstalteten einen Wettbewerb, wer das meiste Wasser von Eimer zu Eimer mit der bloßen Hand schöpfen kann. (Natürlich ist bei kleinen Kinderhänden etwas Großzügigkeit in der Wertung gefragt.)

Wenn Sie für den „Fackelangriff" nicht bis zum Einbruch der Dunkelheit warten wollen, dann verdunkeln Sie ein Zimmer. Stellen Sie fest, wie das Licht einer noch so kleinen Taschenlampe plötzlich alles verändert und ganz schön blenden kann. Staunen Sie darüber, wie kleine Gegenstände große Schatten werfen können.

Ich finde es spannend zu beobachten, wie Kinder im Dunkeln auf Licht reagieren. Ganz besonders auf Schwarzlicht. Wenn Sie die Möglichkeit dazu haben, erzählen Sie die Geschichte mit weißen, leuchtenden Handschuhen im Schein einer Schwarzlichtröhre. Oder mit die Leuchtstäben und Knicklichtern. Im Dunkeln strahlte außerdem unsere Leuchtknete, aus der wir Gideon und seine Männer formten.

Wir bastelten uns So-tun-als-ob-Fackeln aus Haushaltspapierrollen, Tonpapier und Krepppapier in Gelb, Orange und Rot. Natürlich können Sie auch echte Fackeln kaufen oder selber welche aus mit Wachs getränkten alten Tüchern herstellen und zu einer Dunkelwanderung aufbrechen. Ich bin da immer ein bisschen ängstlich, was die Haare meiner Kinder betrifft, und gebe einer Taschenlampenwanderung den Vorzug. Beim Fackelbauen lernte ich, die Tücher mit Draht fest zu umwickeln, damit sich nichts löst, und einen Tropfschutz aus kreisrunder Pappe über den Griff zu schieben.

Die Soldaten trugen Tonkrüge mit sich, in denen zunächst der Feuerschein der Fackeln verborgen blieb und die beim Zerbrechen mit Sicherheit beeindruckenden Lärm machten. Ich malte große Krüge auf Tonpapier in verschiedenen Brauntönen und zerschnitt sie anschließend, um zertrümmerte Puzzleteile zu erhalten. Gemeinsam puzzelten wir, um die Gideonkrüge wieder zusammenzusetzen.

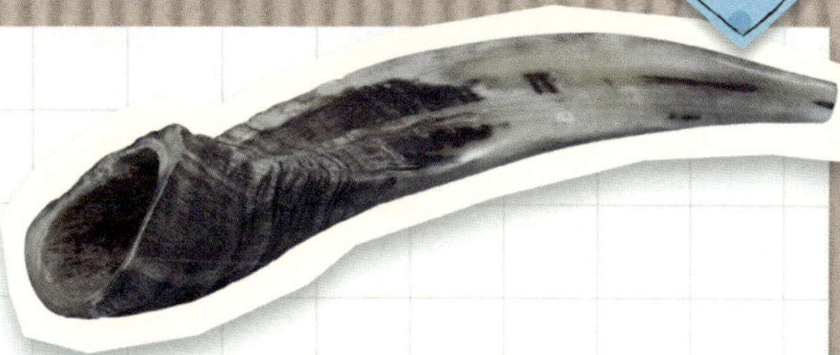

Es ist gar nicht so leicht, Schofarhörnern, wie Gideons Krieger sie hatten, einen Ton zu entlocken. Mein Mann besitzt eines, und wir haben so manche kläglichen Laute herausgequetscht. Was könnte sonst noch erschreckende Geräusche in der Stille einer Nacht – oder zumindest des Wohnzimmers – machen? Eine von der Fußballweltmeisterschaft aufbewahrte Vuvuzela würde hier wohl gute Dienste leisten. Mit Glanzpapier umwickelt wird sie zu einem beeindruckenden Signalhorn.

Beim Einkaufen entdeckten wir Kartoffelchips, die haargenau wie Miniaturen solcher Signalhörner aussahen. Und die den Mädels außerdem so gut schmeckten, dass Sie sich glücklich schätzen können, dass ich noch die Gelegenheit bekam, ein Foto davon zu machen. Die Chipshörnchen mussten natürlich gekostet werden in der Erinnerung: Gott ist stärker als meine Angst!

Gott beschenkt mich überreich

Mir standen die Tränen in den Augen. Wir waren gerade an den neuen Wohnort gezogen und ich hielt schon einen bösen Brief in der Hand, unser Möbelwagen würde die Nachbarn stören. Alles schien so fremd und ich war mir sicher, dass ich mich dort nie wohlfühlen würde. Einige Jahre später wurden unsere Kisten und Kartons an den nächsten Ort transportiert und ich vergoss Tränen zum Abschied von so lieb gewonnenen Freunden (auch und gerade in dieser Nachbarschaft!) und dem Ort, an dem unsere beiden Töchter geboren wurden.

Wie viel Kummer stand wohl Rut aus? Erst verlor sie ihren Mann, ihren Schwiegervater und ihren Schwager. Und dann begleitete sie ihre Schwiegermutter Noomi in deren alte Heimat und zog damit in die Fremde. Rut konnte wohl kaum viele Kartons mitnehmen und kannte niemanden in der Nachbarschaft. Sie sammelte Ähren hinter den Erntearbeitern auf, um sich und ihre Schwiegermutter zu ernähren. Der Landbesitzer Boas zeigte sich freundlich, ließ für Rut immer einiges an Extrakorn zurück und verpflegte sie in den Pausen. Boas heiratete Rut schließlich und Noomi wurde Oma. Das war mehr, als Rut sich je erträumt hätte. Rut lernte durch ihre Schwiegermutter Gott kennen, der uns auch heute noch überreich beschenken möchte. Auch dann, wenn sich erst einmal alles falsch oder fremd anfühlt.

PeDe
assenhaus

Wir beschäftigten uns zu dieser Geschichte mit Getreide. Wir drückten Ähren in weiche Knete und bestaunten die hübschen Abdrücke, die man damit machen kann. Zur Erntezeit schenkt Ihnen ein Landwirt ganz bestimmt ein paar Ähren. Ansonsten gibt es Getreidehalme auch in Zoohandlungen als Futter zu kaufen.

Ich bestellte Dinkelspelz (und lernte, dass hier die Körnerhüllen gemeint sind), um kleine Dinkelkissen herzustellen. Die Überraschung stand mir ins Gesicht geschrieben, als meine Postbotin mit riesigen Säcken vor mir stand. Wir füllten große Wannen und die Kinder fühlten und wühlten in der knisternden Menge für eine halbe Stunde am Stück. Sie können sich vorstellen: Das begeisterte nicht nur die Kinder! Wir bemalten Stoffsäckchen, füllten sie mit Dinkelspelz und knoteten sie zu. Fertig waren Wärme- und Kältekissen.

Wussten Sie, dass in Deutschland jährlich über 40 Millionen Tonnen Getreide geerntet werden? Wir besuchten die Mühle im Nachbarort und bekamen eine kostenlose und beeindruckende Führung. Im Mühlenladen kauften wir verschiedene Mehlsorten und Körner, die wir schon auf den umliegenden Feldern beim Wachsen beobachtet hatten.

Ich erinnere mich gerne daran, wie ich als Kind mit meiner Oma nach der Erntezeit über die abgeernteten Felder lief und wir übriggebliebene Ähren aufsammelten. Zu Hause mahlten wir die Körner in der Kaffeemühle zu Mehl und backten daraus winzige Brötchen. Die Kaffeemühle übt auf meine Töchter heute eine ähnliche Anziehungskraft aus. Sie nahmen sie sogar mit in den Kindergarten, um mit ihren Freundinnen Korn zu Mehl zu machen.

Haferflockenkekse

- 250 g grobe Haferflocken
- 100 g Kokosraspel
- 160 g Butter
- 120 g Zucker
- 90 g Mehl
- 2 ganze Eier

Wir überlegten, in welchen Lebensmitteln Korn enthalten ist, und kramten in der Küche alles hervor. Wir testeten, ob sich Haferkörner durch entsprechende Bearbeitung (mit dem Hammer) in Haferflocken verwandeln lassen.

Für Uromas Haferflockenkekse besorgten wir dann doch fertige Haferflocken. Die Zutaten mischen, die Butter schmelzen, etwas abkühlen lassen und flüssig dazugeben. Mit kalten, nassen (und dennoch herrlich klebrigen) Händen kleine Kugeln formen, platt drücken und auf ein Blech mit Backpapier setzen. Auf der zweiten Schiene von unten bei 180 Grad im vorgeheizten Ofen für 20 Minuten backen. (Am besten gleich die doppelte Menge zubereiten. Zumindest in unserer Familie halten zwei Bleche nie besonders lange.) Probieren und feiern Sie: Gott kümmerte sich um Rut, und Gott beschenkt uns heute auch noch überreich!

Samuel

1. Samuel 1,1–27 und
1. Samuel 3,1–21

Gott kennt meinen Namen

Oh, wie gut ich es kenne, nachts geweckt und gerufen zu werden. Seit einigen Jahren laufe ich im Dunkeln ins Kinderzimmer oder kleine Füße kommen zu mir über den Flur getapst. Ich liebe diese leisen Schritte und hoffe ernsthaft, dass die Kinder noch eine Weile nächtliche Wanderungen unternehmen.

Die Geschichte von Samuel erzählt, wie er noch als Kind von seiner Mutter in den Tempel gebracht wurde, um dort beim Priester Eli zu leben und ihm bei den Diensten im Tempel zu helfen. Während die eigenen Söhne des Priesters nur auf sich selbst und ihren Vorteil bedacht waren, wollte Samuel Gott dienen. Eines Nachts, als Samuel schlief, hörte er eine Stimme, die ihn rief. Er ging zu Eli in der Annahme, der hätte ihn gerufen. Das passierte drei Mal, aber nie war es der Priester. Dieser erkannte schließlich, dass es Gott war, der mit Samuel sprechen wollte. Also antwortete Samuel auf das weitere Rufen, dass er bereit sei, Gott zu hören. Auf diese Weise wurde Samuel ein außergewöhnlicher Freund Gottes. Als niemand im Tempel mehr offen war für die Stimme Gottes, sprach er zu einem Kind. Diese Begebenheit ist nur die erste von vielen Unterhaltungen Gottes mit dem kleinen Samuel, der später ein Prophet wurde und David zum König salbte.

Gemeinsam überlegten wir, wer oder was nachts aktiv ist. Besonders gefielen uns Fledermäuse. So erzählte ich die Geschichte von dem Jungen Samuel mit einer Plüschfledermaus. Denn die hat ja besonders gute Ohren und konnte in der Nacht sehr gut belauschen, was im Tempel vor sich ging. Die Fledermaus weiß so einiges über diesen Jungen, der bereit war, mehr zu hören als die Großen um ihn herum.

Wir bastelten Fledermäuse mit Holzwäscheklammern, die kopfüber an einer Leine aufgehängt werden können. Mit Tonpapierflügeln verwandelten wir uns selber in Fledermäuse und flatterten durchs verdunkelte Zimmer, möglichst ohne dabei etwas zu berühren.

Vielleicht basteln Sie auch noch ein kleines Nachtlicht, wie Samuel es gehabt haben könnte? Mit Glasstiften bemalten wir die Nachttischlampen aus dem Kinderzimmer. Ich kann Ihnen aus Erfahrung empfehlen, dafür die Glühbirnen aus dem Gewinde zu drehen! Uns erinnern sie mit intakten Leuchtmitteln nun allabendlich daran, dass Gott auch unseren Namen kennt.

Auch für die Kinderbetten gab es Erinnerungen. Für komplette Bettwäsche reichte der mit Fledermäusen bedruckte Stoff zwar nicht ganz. Aber für kleine Kuschelkissen und Schlafmasken, gefertigt von den Mädels mit der Kindernähmaschine (mit etwas Hilfe von Mama). Alternativ können Sie eine Bügelapplikation auf vorhandene Kissenbezüge aufbringen.

Wir machten es uns in Schlafanzügen gemütlich und versuchten, am Wochenende aufzubleiben und auch nachtaktiv zu werden. Daraus wurde eine Fledermaus-Pyjama-Party, und wenn Sie Lakritze mögen, dann können Sie dabei sogar noch kleine Fledermäuse verspeisen. Die Kinder waren begeistert (und bei meiner Dauermüdigkeit fallen ein paar zusätzliche Augenringe gar nicht auf).

Samuel wollte wachsam sein für Gottes Reden und wurde dabei von Eli unterstützt. Auch wir können Augen und Ohren für das schärfen, was um uns herum geschieht, und vielleicht werden wir dabei sensibel für Gottes Wirken oder einen Plan für uns. Möglicherweise gilt es, uns besonders um Mitmenschen zu kümmern, eine in Vergessenheit geratene Freundschaft wiederzubeleben oder ein Lächeln zu verschenken. Offenheit und genaues Hinsehen oder Hinhören sind gefragt. Aus zwei Pappbechern und einer Schnur bastelten wir uns ein Bechertelefon (die Schnur muss immer gespannt bleiben und darf nichts anderes berühren). Wir spitzten die Ohren, was das Gegenüber zu sagen hatte.

Meist kommt den Mädels am Esstisch die Idee, „Stille Post" zu spielen, was ich auf „nach dem letzten Bissen" verschiebe. Aber dann spielen wir endlose Flüsterrunden, bei denen man dem Nebensitzer ein Wort ins Ohr flüstert, der es weitersagt und weitersagt, bis der Letzte in der Runde es laut aussprechen muss. Wir amüsieren uns über die Worte, die dabei herauskommen. Und wir sind uns sicher, dass Gott damals mit und durch Samuel gesprochen hat, und wollen selber auch sensibel sein für Gottes Wirken heute.

Der Hirte David

1. Samuel 17,34–36

Gott macht mich mutig und stark

Kürzlich ließ ich ein Kellerfenster zum Lüften weit offen stehen. Abends flitzte mir beim Betreten des Bastelkellers eine Feldmaus vor die Füße und verschwand in meinem Löwenkostüm. (Ich habe noch nie so laut geschrien!) Mit pinkfarbenen Gummistiefeln gerüstet fand ich schließlich den Mut, die Maus zu fangen und Bastelkram und Kostüme zu retten.

In der Bibelgeschichte von David entdecken wir seinen kühnen Mut. Er war schon als Junge für die Schafe seines Vaters verantwortlich. Er musste auch von den Weiden geholt werden, als der Prophet Samuel kam, um ihn mit Öl zum künftigen König von Israel zu salben. Das Leben mit den Schafen barg zur Zeit Davids große Gefahren. Wir lesen davon, wie ein Löwe und ein Bär eins der Schafe reißen wollten. David besiegte die wilden Tiere und rettete das Schaf. Seinen Dank dafür richtete er an Gott, der ihn mutig und stark gemacht hatte. Ich wünsche mir und uns die Gewissheit, dass Gott auch uns für alle Herausforderungen Mut und Stärke schenkt und uns bewahrt.

Um diese Geschichte zu erzählen, schlüpfte ich in das gerettete Kostüm und die Rolle eines recht frustrierten Löwen, der soeben von einem Hirtenjungen besiegt worden war. Wer kein Kostüm zur Verfügung hat (oder dieses gerade von einer Feldmaus besetzt wird), bastelt aus braunen Papiertüten Löwen- oder Bärenhandpuppen.

Während ich mich nicht gerade als ambitionierte Joggerin bezeichnen würde, haben die Mädels ihre Liebe fürs Rennen wohl vom Opa geerbt. Fangen spielen wir allerdings alle gerne zusammen. Für die Schafrettung bekommt einer ein Kuschelschaf anvertraut, während die anderen als Löwen und Bären versuchen, ihn zu fangen und das Schaf zu schnappen.

Wir besuchten einen Schafstall, in dem die Schafschur anstand. Meine große Tochter traute sich, um einen kleinen Fetzen Wolle vom Boden zu bitten. Der Schafbauer aber fasste mit beiden Händen tief in seinen Wollsack, und wir durften mit einem Schatz von frisch geschorener Schafwolle strahlend Richtung Zuhause aufbrechen. Unterwegs erstanden wir noch eine Schafmilchseife (die sich als recht klebrig entpuppte) und zum Basteln bunte Märchenwolle mit Filznadeln. Für das Trockenfilzen benötigen Sie neben der Wolle nur eine Plätzchenform und ein Stück Schaumstoff als Unterlage. Die Märchenwolle in das Förmchen legen und immer wieder mit der Nadel hineinpiksen. Aber Vorsicht im Umgang mit den Nadeln, die sind richtig lang und wirklich spitz!

Löwengesichter klebten wir aus gelben Herbstblättern. Ebenfalls gestalteten wir daraus Königskronen, die an Davids Salbung erinnerten und daran, dass er eines Tages König werden sollte.

Aus Toastbrot stachen wir Bären- und Löwenköpfe aus, die mit Hasel- und Erdnusscreme ihre Farbe bekamen und mit Bananen und Schokolinsen belegt wurden. So ein Snack bietet eine gute Gelegenheit, mit den Kindern ins Gespräch zu kommen: „Was sind deine Löwen oder Bären, womit musst du diese Woche ganz schön kämpfen oder was macht dir Angst? Wofür bräuchtest du Mut und wo würdest du dir wünschen, dass Gott dich stark macht?“ Mit neuer Gelassenheit können dann die Brote verputzt werden.

Gönnen Sie sich ein besonderes Hirtenessen: Kosten Sie eingelegten Schafskäse in Würfeln im Salat. Backen Sie Schafskäse mit Tomaten, Zwiebeln und frischen Kräutern in einem Alufolienpäckchen im Backofen oder braten Sie diese Füllung in einem dünnen Filoteig in der Pfanne aus. Feiern Sie: Gott macht auch mich mutig und stark!

Gott macht Kleine ganz groß

Der Hirtenjunge David wurde mit Verpflegung zum israelitischen Heer geschickt, als dies gerade den Philistern gegenüberstand. Der gegnerische Dreimetermann Goliath forderte zum Zweikampf auf, aber keiner wagte es, die Herausforderung anzunehmen. David hörte, wie Goliath sich über Gott lustig machte, und bat den König, antreten zu dürfen.

Die geliehene Königsrüstung war ihm zu groß und zu schwer, und so trat er in seiner Hirtenkleidung vor. In seine Hirtentasche steckte er noch schnell fünf Steine aus einem Bach. David ignorierte das höhnische Lachen von Goliath und vertraute darauf, dass Gott stärker ist als jede Rüstung und alle Waffen und größer als jeder Riese. Mithilfe seiner Steinschleuder traf er Goliath am Kopf und besiegte ihn.

In meinem Alltag türmen sich nicht selten die Herausforderungen übergroß auf. Ich bewundere David, der er selber blieb und sich auf Gott und seine Größe verließ. Das möchte ich im Alltag mit meiner Familie erleben. Manchmal fühlen wir uns klein und schwach, aber Gott möchte in uns stark sein. Das macht uns groß, auch wenn wir klein bleiben.

Ich schlenderte mit meinen Töchtern über einen Krämermarkt, als mir ein überdimensionierter Holzkochlöffel ins Auge sprang. Sofort sahen wir darin den großen Goliath. Zu Hause bastelten wir noch mit einem normalgroßen Holzlöffel die Kochlöffelfiguren David und Goliath, mit denen wir die Geschichte nachspielten.

Wir lieben es, die alten Klamotten der Kinder hervorzukramen und gemeinsam zu staunen, dass dieser Strampler mal passte und jener Pullover tatsächlich getragen wurde. Wie groß dieser Goliath wohl war? Und wie groß seine Kleider gewesen sein mögen? Aus Geschenkpapier schnitten wir ein überdimensioniertes Goliathoberteil aus. Aus kleinen Aluschälchen entstand dazu das passende Kettenhemd, das sogar beeindruckend klapperte.

Wir hefteten einen langen Streifen Packpapier als Messlatte an die Wand. (Unsere Oma spart sich das Papier und markiert in regelmäßigen Abständen mit einem Kugelschreiber die Größe der Kinder direkt auf der Wand.) Vielleicht mögen Sie ja das Papier so hoch ansetzen, dass auch eine Markierung für Goliath angebracht werden kann. Die Mädels reckten und streckten sich, um größer zu erscheinen.

Um zu testen, wie es ist, größer zu sein, werden Stelzen aus Erdnussdosen gewerkelt. Natürlich können Sie auch gekaufte Stelzen nutzen, um die Goliathluft in der Höhe zu schnuppern.

Wir bastelten uns die Rüstung des Königs. Von einer Familienfeier waren noch jede Menge Aluservierplatten übrig, in die von der Rückseite mithilfe einer Schere Muster geprägt wurden.

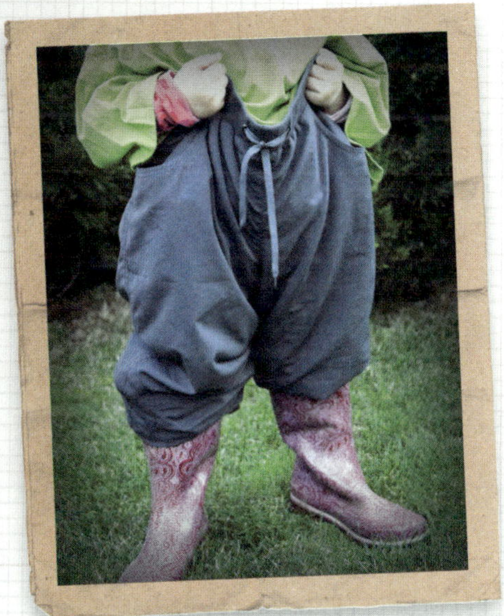

Um deutlich zu machen, wie unpassend diese Königsrüstung für den kleinen Hirtenjungen gewesen wäre, wurden die Kinder in meine Kleidung und Schuhe gesteckt. Damit mussten sie eine Strecke mit Hindernissen in kürzester Zeit bewältigen.

Aus Filz und Wolle entstand die Hirtentasche, in der David seine Steine gesammelt haben könnte. Wenn diese Tasche aus Wachstuch entsteht, können darin sogar kleine Snacks aufbewahrt werden, wie unsere selbst gebackenen David-und-Goliath-Butterkekse. Vielleicht finden Sie auch kleine Mutmachgegenstände für den Beutel. Sprechen Sie als Familie darüber, was Sie daran erinnern könnte: Gott macht Kleine ganz groß!

ESTER

Ester 2,1
bis Ester 9,32

Gott braucht mich

Wir saßen in einem feinen Restaurant. Die Kinder warteten auf ihre Pommes zur Besänftigung, als der Blick der Zweijährigen auf die gefaltete Stoffserviette vor ihr fiel. „Wieso die mir eine Krone hingestellt?“, fragte sie ungläubig in ihrer eigenen Grammatik, und schon thronte das gefaltete Kunstwerk auf ihrem Kopf. (Natürlich war sie auch während des Essens nicht dazu zu bewegen, es abzunehmen und ihre Ketchupfinger daran zu säubern.) Mindestens genauso erstaunt stelle ich mir Ester vor, die unerwartet von König Ahasveros zur Königin ernannt wurde. Sie lebte von da an mit ihrem launischen Mann am Königshof. Ester hörte von dem bösen Plan des Hofberaters, ihr Volk, die Juden, umzubringen. Da fasste sie sich ein Herz und setzte ihr Leben, ihre Krone und ihr Amt mutig für ihr Volk und für Gott ein. Es beeindruckt mich, wie Gott Menschen gebraucht, um Gutes zu vollbringen. Und ich finde den Gedanken spannend, dass Gott auch mich und uns als Familie im Einsatz für Schwächere braucht.

Natürlich wollten beide Töchter in die Rolle der rettenden Ester schlüpfen. Wie gut, dass uns etliche Glitterflitterprinzessinnenkleider zur Verfügung stehen. Alternativ können Sie in majestätische Königsrollen schlüpfen und die Geschichte nachspielen. Ich würde am liebsten jeden solcher Momente als Foto festhalten, und dafür dürfen passende Bilderrahmen nicht fehlen. Bei unseren Königin-Ester-Rahmen kamen jede Menge Moosgummikrönchen zum Einsatz.

Wer nicht selber in edle Stöffchen schlüpft, verwandelt Kochlöffel in glänzende Königinnen. Neben Steinchen und Glitzerkleber nutzten wir auch zu dieser Geschichte die kostengünstigen, goldenen Rettungsdecken, die sich sehr leicht schneiden lassen. Lecker dazu: kleine rote und pinkfarbene Fruchtquarkbecher auslöffeln und umgedreht mit Gesicht und Krönchen versehen.

Vielleicht haben Sie ein echtes Schloss in Ihrer Nähe. Oder Sie planen die nächste Ausflugsroute so, dass alte Gemäuer besichtigt werden können. Wer dann mit Pantoffeln über blank gebohnertes Parkett rutscht, kann in der Fantasie ins königliche Leben eintauchen. Wer kein Schloss besuchen kann, der bastelt eines. Unser pinkfarbener Prinzessinnentraum entstand übrigens gemeinsam mit dem Opa.

Mit Oma, Tante und Cousine veranstalteten wir einen echten Mädelsnachmittag, wie er auch gut am Königshof hätte stattfinden können: rosafarbene T-Shirts für alle, Fußbäder und feuchtigkeitsspendende Gesichtsmasken. (Bitte auf Allergien achten! Die Tante behielt den Tag noch länger in Erinnerung ...)

Zum darauffolgenden Frühstück dekorierten die Kinder den Tisch besonders fein und luden die Oma zu einem Prinzessinnenfrühstück ein. Wer könnte in Ihrem Umfeld eine Aufmunterung gebrauchen und eingeladen werden?

Einladungen zum Krönchenfest werden mit einer glänzenden Kronenform ausgesprochen. Übrigens bietet sich bei so einem Fest die (bei uns nahezu) einmalige Gelegenheit, einwandfreie Tischmanieren zu beobachten und – jetzt kommt's – zu üben! Alle geben sich Mühe, besonders fein zu essen und höfisch zu sprechen.

Für Krönchenmuffins wurden Eishörnchen kurz unter Wasser gehalten, dann ließen wir sie ein paar Sekunden in der Mikrowelle weich werden. Die Zacken lassen sich dann mühelos mit der Schere schneiden und die Waffeln wieder an der Luft trocknen. (Ohne Mikrowelle splittern sie hoffnungslos, aber Achtung: Zu lange in der Mikrowelle, und schwarze Wolken wabern durch die Küche!)

Das jüdische Purimfest erinnert Familien auch heute noch an die rettende Königin Ester. Zu dem Fest gehört es, Freunde und arme Menschen zu beschenken und gemeinsame Festessen zu feiern. Finden Sie Ihre eigene Familientradition, bei der Sie andere beschenken, Einladungen aussprechen und bei der die Kinder ganz praktisch erleben können, dass ihr Einsatz einen Unterschied macht. Und seien Sie gewiss: Gott braucht auch Sie!

ELIA UND DIE RABEN

1. Könige 17,1–24

Gott kennt immer einen Weg, mich zu versorgen

Mit dem Wunsch nach einem Rabenfest überraschte mich die Große zu ihrem vierten Geburtstag. Ein Rabensteckenpferd sollte gebastelt werden, und der Rest würde mir sicherlich auch noch einfallen. Seitdem habe ich eine besondere Beziehung zu Raben.

Wie viel mehr musste sich Elia, der Freund und Botschafter Gottes, diesen Tieren verbunden gefühlt haben. Da der böse König Ahab überall erzählte, seine eigenen Götter würden für den Regen sorgen, ließ Gott durch Elia eine lange Trockenheit ankündigen. Ahab wurde böse, aber Elia stand zu Gott und musste flüchten. Als Versteck riet Gott ihm die Steppe am Bach Krit. Gott schickte Raben, die Elia mit Brot versorgten.

Als der Bach durch die Trockenheit kein Wasser mehr führte, schickte Gott Elia zu einer Witwe in den Ort Zarpat. Als die mit ihrem letzten Öl und Mehl Fladenbrot für Elia backte, kümmerte sich Gott selbst um das nötige Brot für die Zukunft. Mehl- und Ölkrug wurden nie mehr leer. In der Zuversicht, dass Gott auch heute und in jeder Situation Wege findet, uns zu versorgen, möchte ich unseren Familienalltag leben.

Für diese Geschichte verwendete ich eine Rabenhandpuppe, die von dem ungewöhnlichen Auftrag Gottes berichtete. Aus Butterbrottüten können auch flott gefaltet Rabenhandpuppen entstehen, die kleine Brotstückchen an den Schnabel geklebt bekommen.

Während des Erzählens verstreute mein Rabe fleißig schwarze Federn (aus dem Bastelladen). Nachdem die Kinder alle aufgesammelt hatten, malten wir mit Wasserfarben einen großen Raben, der mit den Federn beklebt wurde.

Hände und Füße können auch mit schwarzen Wasserfarben bemalt einen Raben drucken. (Nur sollten Sie dafür sichergehen, dass bei Ihnen keine Trockenzeit ansteht. Ansonsten sind hierbei die Öltücher vom Wickeltisch sehr nützlich. Für eine schmutzfreie Variante wird der Umriss der Kinderhände auf schwarzes Papier gezeichnet und ausgeschnitten.)

Werden Sie Rabenforscher! Finden Sie alles, was Sie nur können, über diese Vögel heraus. Vielleicht gestalten Sie gemeinsam einen Rabensteckbrief und halten bei einem Spaziergang oder Ausflug die Augen offen. Vielleicht können Sie auch mit gemeinsamem Rabenkrächzen die Tiere anlocken?

Zu unserem Rabengeburtstag gab es Nesteinladungen und einen runden Marmorkuchen, der zu einem leckeren Vogelzuhause wurde. Zur Bibelgeschichte backten wir Minivogelnester, und die Mädels waren emsig mit dabei, schwarzen Fondant auszurollen und daraus kleine Raben auszustechen. Wenn Sie nicht selber backen wollen, gönnen Sie sich Schokodonuts. Die Witwe gab bereitwillig von ihrem (vermeintlich) letzten Fladenbrot ab. Mit wem könnten Sie Ihre Leckereien teilen?

Eilige Küchenbesucher knabbern Brotsticks oder Brotchips, und auch Fladenbrote aus der Pfanne brauchen nicht viel Zeit.

Sie mischen 300 g Mehl, 1 TL Salz, 1 EL Öl, 250–300 ml Wasser und 1 Msp. Zucker.

Wichtig ist, die handtellergroßen Fladen dünn genug auszurollen, damit sie richtig durchgebraten werden. Bei mittlerer Hitze in Öl ausbacken, auf Haushaltspapier abtropfen und etwas abkühlen lassen. Das ist bei uns ein großes und beliebtes Festessen, und eigentlich braucht man gar keinen Aufstrich darauf. Während gemeinsam geknetet wird, stellen wir uns vor, wie es wohl wäre, wenn Mehl und Öl in unserem eigenen Vorratsschrank nie ausgehen würden. Wir leben im Überfluss, sodass wir uns darüber sonst kaum Gedanken machen. Überlegen Sie gemeinsam, wofür Sie in dieser Woche als Familie dankbar sein können. Sobald sich die Fladenbrote anfassen lassen, bringen wir sie als Raben an den Esstisch und feiern: Gott kennt immer einen Weg, uns zu versorgen!

Gott steht mir helfend zur Seite

Unsere Nonna hat es sich zur Tradition gemacht, uns Olivenöl aus Süditalien zu schenken. Jahr für Jahr füllt sie das samtig schimmernde Grün aus Kanistern in einzelne Vorratsflaschen. Ganz ähnlich muss es wohl bei der Witwe in der Bibelgeschichte ausgesehen haben – mit dem tragischen Unterschied, dass ihr kein Nachschub zur Verfügung stand. Was für eine Not, als ihr klar wurde, dass sie nichts mehr hatte als diesen letzten Krug mit Öl. Für mich bleibt es unvorstellbar, welche Angst sie um ihre Kinder ausgestanden haben muss. Ihr verstorbener Mann hatte Schulden hinterlassen, und sie stand mit ihren Kindern nun den Gläubigern gegenüber.

Und wovon sollten sie leben? Ihr Mann hatte als Schüler beim Gottesbotschafter Elisa gelernt. Die Gewissheit „Gott hilft uns" wollte sie auch für sich in Anspruch nehmen und bat Elisa um Hilfe. Der forderte sie dazu auf, alle verfügbaren Krüge aus der Nachbarschaft zu sammeln.

Aus dem einen letzten Krug mit Öl wurde schließlich ein leerer Krug nach dem anderen gefüllt, bis alle voll waren. Die Witwe hatte damit einen großen Vorrat und aus dem Verkauf des zusätzlichen Öls genug Geld für die Schulden und ihr Leben. Ich wünsche mir den langen Atem, den die Witwe in der Geschichte zeigte. Mit Gott ist nicht alles plötzlich einfach, aber Gott ist da und hilft auch in meinen und unseren Problemen!

Ich versteckte ausgeschnittene Ölkrüge aus buntem Papier im Raum, die von den Kindern entdeckt werden mussten. Bei gutem Wetter ist diese Idee auch in der gesamten Nachbarschaft als Schatzsuche denkbar.

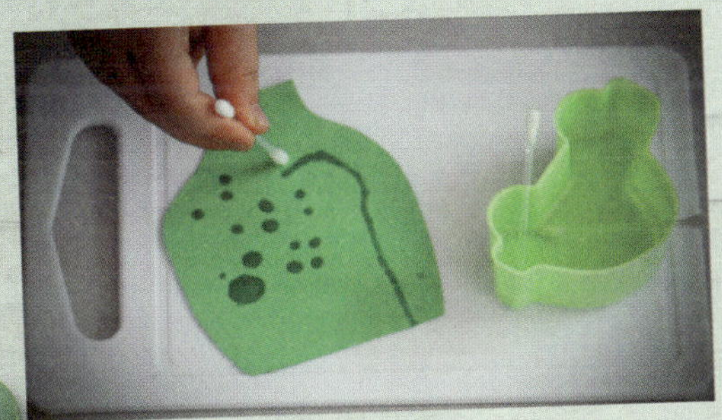

Aus den kleinen, farbenfrohen Papierkrügen entstanden danach leuchtende Fensterbilder. (Dafür darf das Papier allerdings nicht zu dick sein.) Wir benutzten Wattestäbchen als Pinsel und zeichneten mit Babyöl und Olivenöl Muster auf das Papier. An den getränkten Stellen schimmert das Licht später wunderschön durch. Ich gebe zu, dass dies eine recht ölige Angelegenheit ist, aber das ist der Spaß wert und die leuchtenden Farben entschädigen definitiv für die fettigen Scheiben!

Um eine kleine Tonkrug-Archäologen-Ausgrabung vorzubereiten, brauchte ich Tonscherben. Ich kaufte im Baumarkt Pflanzenuntersetzer aus Terrakotta, packte diese in Tüten und ließ sie immer wieder auf die Straße fallen. Die so entstandenen Scherben waren mir allerdings noch zu scharfkantig für zarte Kinderhände. Mit der Scherbentüte marschierte ich zur Baustelle. Hier konnte ich die Bauarbeiter davon überzeugen, ihren kleinen Betonmischer mit meinen Scherben und einer ordentlichen Schaufel groben Sand und Steinchen zu füllen. Zehn Minuten später hatte ich glatt geschmirgelte Tonscherben, die in unserem Sandkasten (möglich auch in einer mit Sand gefüllten Wanne) verbuddelt wurden. Dazu legte ich kleine Pinsel und Schäufelchen für die Ausgrabungen bereit sowie Blätter und Stifte, damit die Kinder jeden Fund genauer untersuchen, abmalen oder vorbereitete Fragen dazu beantworten konnten.

Für unser Nonna-Olivenöl verzierten wir weiße Ölflaschen wie aus dem Restaurant mit Porzellanstiften.

Mein Mann denkt oft an die Olivenernten, die er als Jugendlicher miterlebt hat, und an die Rezepte seines italienischen Vaters, der in Olivenöl scharfe Peperoni, Knoblauch oder Kräuter einlegte. Bereiten Sie doch auch ein Nonno-Olivenöl zu und verschenken Sie besonders gefüllte Flaschen mit eigenen Familienetiketten. Erinnern Sie sich daran, dass Gott die Probleme nicht verschwinden lässt und nicht immer so löst, wie wir uns das vorstellen, aber dass er sie sieht und uns darin helfend zur Seite steht!

Elisa und Naaman

Gott hilft anders als erwartet

Obwohl mich mein Leben als Mutter eines Besseren belehrt haben sollte, bin ich noch immer versucht, für alles genaue Pläne und Vorstellungen zu entwickeln. Dabei kommt es doch immer wieder so ganz anders als erwartet. Die biblische Geschichte erzählt vom angesehenen, aber aussatzkranken Feldhauptmann Naaman. Bei einem Raubzug gegen Israel war ein junges Mädchen von seinem Heer entführt worden, das nun für Naamans Frau als Dienstmagd arbeitete. Trotz ihrer schrecklichen Erlebnisse empfahl sie Naaman, zu dem Propheten nach Israel zu gehen, der ihn sicher heilen würde.

Elisa ließ durch seinen Diener ausrichten, Naaman solle sich sieben Mal im Fluss Jordan untertauchen. Der war zunächst regelrecht erbost. Er hatte sich eine Heilung durch den Propheten so ganz anders vorgestellt. Nur mit Mühe konnten seine Diener ihn dazu überreden, auf den Rat zu hören und es auszuprobieren. Tatsächlich wurde Naaman gesund.

Ich wünsche mir den Mut dieser Diener, die es gut mit Naaman meinten. Und ich wünsche uns die Offenheit, eigene Pläne beiseitezuschieben und auch zu erleben: Gott hilft manchmal anders als erwartet! Vielleicht trägt ja das bewusste Erleben dieser Geschichte ein wenig dazu bei.

Um die Geschichte zu erzählen, spannte ich eine Wäscheleine auf Hüfthöhe und verwandelte eine blaue Fleecedecke darauf in den Jordan. Während ich berichtete, zählten wir gemeinsam mit den Kindern, wie oft mein Mann „untertauchte". (Erwähnte ich bereits, dass Zählen zu unseren großen Leidenschaften gehört?) Im Anschluss an die Geschichte wollten die Kinder sofort in den Fleecedecken-Fluss. Sie machten eine Kniebeuge nach der anderen und wir jubelten immer wieder, wenn sie gesund auftauchten.

Damit wir Naamans Empörung nachvollziehen konnten, sich im schmutzigen Jordan zu baden, wo doch die Flüsse in seiner Heimat viel sauberer waren, füllte ich zwei Schraubverschlussgläser mit Wasser. In dem einen Glas war das saubere Flusswasser aus Damaskus zu sehen und im anderen das Dreckwasser aus dem Jordan (Kakao bringt mit Wasser vermischt eine herrlich sumpfige Brühe).

Ein anderes Mal erzählte ich die Geschichte aus der Sicht einer Ratte, die am Jordanfluss lebt und das Geschehen beobachten konnte. Ich finde solche Rollenwechsel manchmal hilfreich, die Ratte kann schließlich besonders eindrücklich von dem verschmutzten Wasser und den erstaunten Blicken erzählen. Im Anschluss wurden Rattenbrötchen aus süßem Hefeteig gebacken.

Wir bemalten schmale Streifen von Haushaltspapier mit Filzstiftpunkten und hielten sie kurz einen Zentimeter tief in ein Wasserglas. Wenn dann das Wasser nach oben gesogen wird, verändern die Punkte nicht nur ihre Farbe, sondern hinterlassen auch wunderschöne Spuren. Natürlich ist dieses Experiment ein ziemliches Gekleckse und ich empfehle, Einmalwickelunterlagen als Tischdecke zu verwenden. Die saugen gut auf und der Tisch bleibt trocken und sauber. Für unser Kunstwerk wurden die getrockneten Streifen untereinander aufgeklebt und gerahmt.

Wenn dieses Dienstmädchen aus der Fremde nicht gewesen wäre, hätte Naaman wohl nie etwas von Elisa gehört! Diese Woche schlage ich vor, dass wir uns um andere kümmern. Und zwar ruhig um Fremde. Beim Abgeben unserer Pfandflaschen entdeckten wir die Möglichkeit, unser Pfand für den Dienst der Tafeln in Deutschland zu spenden. Das ist mittlerweile in allen größeren Supermärkten möglich und beschäftigte die Kinder sehr.

Naaman musste einen ganz schön weiten Weg zurücklegen, um zu Elisa zu gelangen. Wie wäre es mit einer Benefizwanderung oder einem Spendenlauf? Damit können auch heute noch Menschen erleben, wie Fremde es gut mit ihnen meinen und dass Gott oft anders hilft, als wir es erwarten!

Gott macht Unmögliches möglich

Ich bin immer wieder dankbar für unseren Kindergarten. Unsere Große hatte dort Korken-Flaschen-Boote gebastelt, die sie an einer Schnur von einem Seeufer zu Wasser ließ. Sie muss verzweifelt gewesen sein, als sich ihr Boot von der Schnur löste und davongetrieben wurde. Die begleitende Erzieherin erzählte mir, dass sie vor Mitleid um ein Haar hinter dem Boot ins Wasser gesprungen wäre, sich dann aber noch rechtzeitig der kleinen Zuschauer und Kolleginnen besann. Sie eilte stattdessen mit meiner Tochter zum nahe gelegenen Bootsverleih, und gemeinsam paddelten sie durchs Wasser, um die Bastelei zu retten. Was für ein Einsatz!

Die Bibel erzählt, wie Elisa mit seinen Prophetenschülern einen neuen Schulraum bauen wollte. Für die Holzfällerarbeiten hatten sich die zum Teil sehr armen Schüler das nötige Werkzeug ausgeliehen. Bei einer der geliehenen Äxte löste sich plötzlich das Eisen und versank im nahe gelegenen Fluss. Der Schüler muss untröstlich gewesen sein. Elisa vertraute auf Gott, der Unmögliches möglich macht, und warf einen Stock ins Wasser. Das Eisen stieg an die Oberfläche zurück und konnte herausgefischt werden.

Was für ein Gott! Ich bin begeistert davon, dass er unseren Kummer sieht. Auch bei alltäglichen Dingen, die man als „Kleinigkeiten“ abtun könnte. Er fühlt mit uns mit und macht Unmögliches möglich, auch wenn das mal anders aussieht, als wir uns das vorstellen!

In einem Schuhkarton bastelten wir uns diese Szene am Fluss. Die Axt konnte nun untergehen und wieder an die Oberfläche schwimmen. Während ich erzählte, wurde die Axt immer wieder von den Kindern im Wasser versenkt und tauchte erneut an der Oberfläche auf.

Um diese Geschichte in ihrem Element zu erleben, füllten wir eine Wanne mit Wasser und testeten mit verschiedenen Gegenständen, welcher schwimmt und welcher untergeht. Die Kinder brachten unermüdlich neue Dinge, und ich hatte natürlich auch ein kleines Beil (mit Schutzkappe!) bereitliegen. Wir bastelten uns eine Axt aus Moosgummi und beobachteten, wie diese schwimmen und von dem glücklichen Schüler gerettet werden konnte. (Wenn Sie an ausreichend umliegende Handtücher und trockene Wechselkleidung denken, gelingt dieses Experiment entspannter.)

Wie wäre es mit weiteren Experimenten? Wir füllten einen Topf mit Wasser und zwei frischen Eiern, die auf den Topfboden sanken. Nun wird getestet, wie viel Salz in das Wasser gerührt werden muss, bis die Eier an die Oberfläche treiben. Halten Sie ausreichend Salz bereit!

Ich erinnere mich gut daran, wie wir selber als Kinder einen überdimensionierten Eimer mit Wasser füllten und darin Äpfel schwimmen ließen. Die Hände wurden auf dem Rücken verschränkt, und man musste versuchen, sich mit dem Mund einen Apfel aus dem Wasser zu fischen. Jeder Versuch dauert 20 Sekunden, dann ist der Nächste dran. Der erste Apfelesser wird zum Gewinner.

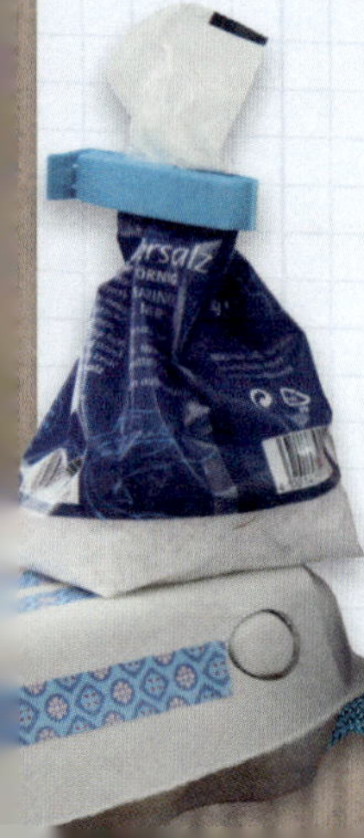

Haben Sie diese Woche besonders den Mut, mit den Kindern Dinge im Gebet Gott zu erzählen, die anderen vielleicht nur Kleinigkeiten zu sein scheinen. Gott empfindet auch hier mit Ihnen mit.

Da wir früher mit einem Kachelofen heizten, ging es regelmäßig auf gemietete Flächenlose, um Holz zu schlagen und zu sammeln. Während die Erwachsenen für das Feuerholz arbeiteten, bauten wir Kinder uns Waldhütten. Wir lieben es heute noch, durch den Wald zu laufen und alle nötigen Stöcke und langen Hölzer aufzustöbern. Bauen Sie ein Waldhaus und feiern Sie ein Familieneinweihungsfest. Die Schüler der Bibelgeschichte haben mit Sicherheit gefeiert, als der Schulraum fertig war und alle Werkzeuge den Eigentümern wieder zurückgegeben werden konnten. Vergessen Sie für Ihr Fest die Picknickdosen nicht!

Was in die Picknickdosen wandern könnte? Ich schlage kleine Äxte aus Salzstangen vor, auf die Käsewürfel gespießt wurden. Und wenn Sie das Eier-Experiment durchgeführt haben, dann gibt es nun auch hart gekochte Eier und die Erinnerung in Ihrer selbst gebauten Hütte: Gott macht Unmögliches möglich!

Die Psalmen

Gott begegnet mir in verschiedenen Bildern

Es müssen gar nicht nur die ereignisreichen Geschichten der Bibel sein, die wir mit Kindern entdecken. In den 150 Gedichten, Liedern und Gebeten der Psalmen sind einige der Bilder so beeindruckend, dass sie für mich unbedingt in dieses Buch gehören. Sie entscheiden, ob Sie jeden Tag ein anderes Bild entdecken oder sich das herauspicken, was gerade in Ihren Alltag passt.

Psalm 31,3 + 4

Psalm 91,2

Bei Gott finden wir Schutz – wie in einer Burg. Besuchen Sie eine alte Burgruine oder tauchen Sie zu Hause in das Ritterleben ein. Ich war begeistert von den Straßenkreideburgen der Mädels und ihrer Freunde, die sie kürzlich „bauten" und in denen sie „wohnten". Werden Sie zu mutigen Rittern in Rüstungen. Vielleicht zimmern Sie auch ein Ritterschild (aus Holz oder Pappe) und bemalen es mit einem eigenen Wappen. Wir verzierten spitze Hüte für Ritterfräulein mit Bändern und Knöpfen und freuten uns daran, dass Gott uns beschützt!

Psalm 34,9

Hätten Sie gedacht, dass man sogar schmecken kann, wie freundlich Gott ist? Mit einem Spiel können Sie die riesige Geschmacksvielfalt testen: Bereiten Sie kleine Appetithäppchen der unterschiedlichsten Couleur in einer Reihe vor. Nun wird reihum gewürfelt. Die Augenzahl bestimmt, welches Stückchen gegessen werden darf. Vielleicht gibt es in dieser Woche auch jeden Tag ein Lieblingsessen oder es werden neue Geschmäcke und Gerichte entdeckt. Bemalen und laminieren Sie Tischsets oder beschriften Sie Geschirr oder Pappteller mit der Psalmeinladung. Basteln Sie Serviettenringe aus Papprollen und eröffnen Sie ein Familienrestaurant mit Kreideaufsteller, Menükarte und Kochmützen. Staunen Sie über den Geschmack der Freundlichkeit Gottes!

Psalm 103,5

Erforschen Sie die Zusage, dass wir jung werden wie ein Adler. Zum Geburtstag schenkten wir unserem Opa eine Falknerstunde. Wir durften Greifvögel halten, deren kraftvolle Flügelschläge bestaunen, sie auf einem Spaziergang beim Fliegen beobachten und auf unseren Armen landen lassen. Vielleicht haben Sie die Gelegenheit, Greifvögel in freier Natur zu beobachten. Wenn sich gerade keiner finden lässt, wird ein Adlerdrache gebaut oder gekauft, der hoch in die Lüfte steigt. Ich wünsche mir in unserem Alltag diese Kraft eines jungen Adlers und manchmal auch den neuen und scharfen Blick aus einer anderen Perspektive!

Psalm 36,8

Wenn es um meine Kinder geht, habe ich schon zu hören bekommen, ich solle „nicht so glucken“. Dann lese ich in der Bibel, dass wir unter Gottes Flügeln Schutz finden, und weiß mich in bester Gesellschaft und auch als Mutter geborgen. Mich beeindruckt das Bild, dass Gott seine Küken unter schützenden Flügeln sammelt. Oh, wie begeistert waren meine Töchter, als wir einen Hühnerstall besuchten und sogar dabei helfen durften, die Eier einzusammeln. Basteln Sie Glucken aus Tonpapier mit ausgeschnittenen Kinderhandabdrücken als Kamm oder Flügel. Wenn man diese hochklappt, können kleine Küken darunter Schutz finden. Freuen Sie sich gemeinsam an dieser Geborgenheit!

Psalm 119,105

Vor einiger Zeit wurde uns als Familie ein pinkfarbener Lampion geschenkt als Erinnerung daran, dass Gottes Worte Licht auf unserem Weg sind. Der erhielt einen besonderen Platz im Wohnzimmer. Die Mädels bekamen von ihrem Onkel Taschenlampen, die auch im Hellen zu ständigen Begleitern wurden. Vielleicht starten Sie eine Taschenlampenwanderung oder Sie bauen im verdunkelten Wohnzimmer einen Parcours auf, der mit Taschenlampe bewältigt wird. Und wenn die Lichtkegel den Weg hell machen, dann erinnern Sie sich daran, dass Gott mit seinem Wort eine Leuchte für Ihren Weg sein möchte!

Psalm 91,1

Als meine Töchter noch klein waren, ließen sie sich oft nur auf einem Spaziergang im Tragetuch oder Kinderwagen zum Schlafen bringen. Mit Regenschirm in der Hand war ich stets darauf bedacht, dass die zarten Wesen keinen einzigen Tropfen abbekamen, was oft bedeutete, dass ich mit klatschnassem Rücken zu Hause eintraf. Bei starker Sonne wurde der kleine Kinderwagenschirm von mir ständig gedreht und bei Pausen achtete ich darauf, dass der Schatten nicht wegwandern würde. Was für ein schönes Bild, dass Gott genauso auf uns achtet. Ich wollte schon immer mal mit den Kindern einen weißen Sonnenschirm bunt bemalen. Egal ob klein zum Tragen oder für den Terrassenständer. Ich werde mal einkaufen gehen und mich daran freuen, dass Gott auch meiner Familie und mir Schutz unter seinem Schirm zusagt!

Psalm 31,16

Für diesen Bibeltext bastelten wir aus leeren Plastikflaschen mit Löchern in den Deckeln und buntem Sand eine Sanduhr. Hier lässt sich beobachten, wie die Zeit verrinnt. Und ich finde, dass sich mit diesem Bild auch gut der Psalmtext vor Augen führen lässt: Unsere Zeit steht in Gottes Händen. Um mit den Kindern die Uhr zu lernen, bastelten, bemalten und beklebten wir die verschiedensten Ziffernblätter, die im ganzen Haus hängen und an das Versprechen Gottes erinnern: In ihm sind wir mit jeder Minute unseres Lebens geborgen!

Daniel 6,1–29

Gott schickt Engel als starke Helfer

Daniel war ein hochgeachteter Fürst des Königs Darius. Die Bibelgeschichte erzählt von der Eifersucht der übrigen Fürsten, da der König darüber nachdachte, Daniel als einzigen Fürsten über das ganze Königreich einzusetzen. Weil diese nichts Schlechtes an ihm finden konnten, schmiedeten sie einen Verschwörungsplan und brachten den König dazu, ein Gesetz zu unterschreiben. 30 Tage lang durfte nur der König um etwas gebeten werden. Wer gegen dieses Gesetz verstieß, sollte den Löwen vorgeworfen werden. Daniel betete weiter zu Gott und wurde von den Verschwörern in die Löwengrube geworfen. Der König war darüber sehr traurig und hoffte, dass Gott Daniel helfen würde. Die ganze Nacht über konnte der König nicht schlafen und eilte früh am Morgen zur Löwengrube. Was für eine Freude, dass Daniel lebte! Der erzählte, wie Gott seinen Engel schickte, der den Löwen das Maul zuhielt, sodass sie ihm nichts antun konnten. Wie gut, einen himmlischen Vater zu haben, der Löwenkräfte besitzt.

Ehrlich gesagt besuche ich stets mit gemischten Gefühlen das Löwengehege im Zoo. Ich habe großen Respekt vor diesen Tieren und wäre an Daniels Stelle wohl einem Herzinfarkt erlegen. Aber meine Töchter lieben es, Löwen zu spielen. Mein Mann ist der Vaterlöwe mit großen Kräften und die Mädels kuscheln sich in seine Arme. In der Löwengrube wird ein ganzes Rudel gehaust haben. Deswegen brauchen Sie jede Menge Pappteller, Krepppapier, Moosgummi, Wolle und Papier in unterschiedlichen Gelbtönen. Wir bastelten verschiedenste Papptellerlöwen, die davon erzählten, was sie in jener Nacht erlebt hatten.

Vielleicht wollen Sie auch Löwenmasken basteln und selber in die Rolle der Tiere schlüpfen. Üben Sie gemeinsam, sich auf allen Vieren durch das Raumgehege zu bewegen: gähnen, brüllen, hungrig knurren, majestätisch schreiten, Mähne schütteln, aber auch das Maul nicht mehr öffnen können.

Es war früh am Morgen, als die Fünfjährige unbedingt eine Bastelei starten wollte. Wohl aus Sehnsucht nach meinem Kopfkissen entschied ich mich für ein Löwenkissen, das ganz ohne Nähen auskommt. Sie benötigen zwei verschieden große Topfdeckel als Schablonen, eine stoffschneidende Schere und je nach Belieben zwei verschiedenfarbige ausrangierte Fleecedecken und Füllmaterial. Auf beiden Decken wird zunächst ein größerer Kreis aufgezeichnet und anschließend darin ein kleinerer Kreis. Der große Kreis wird ausgeschnitten und immer wieder bis zum Rand des inneren Kreises eingeschnitten. So entsteht die Löwenmähne. Nun werden beide Teile aufeinandergelegt, und jeweils eine Mähnensträhne der gelben Decke wird mit einer in Orange verknotet (das waren die Farben unserer Wahl – Sie können natürlich auch einen grünen oder blauen Löwen basteln). Vor dem letzten Knoten nicht vergessen, den Löwenkopf mit dem Füllmaterial auszupolstern. Das Gesicht malten wir mit Plusterfarbe auf – die hinterlässt eine dreidimensionale Spur und schmiert nicht. Daniel erlebte in größter Aufregung eine ruhige Nacht und das wünsche ich auch Ihnen!

Aus dem Kindergarten kamen die Mädels mit der Leidenschaft für das Pompons-Wickeln wieder. Und da sie am liebsten in den örtlichen Wollladen einziehen würden, wickelten und wickelten und wickelten wir ein kleines wuschelig-rundes Löwengesicht nach dem anderen. Und wenn die Geduld nicht ganz so groß ist, wird die Wolle auf kleine Pappkreise einfach aufgeklebt.

Mit gelbem Zuckerfondant, das sich ähnlich wie Knetgummi verarbeiten lässt, formten wir Löwenverzierungen für unsere Muffins. Natürlich können Sie auch aus Marzipan kleine Marzipanlöwen entstehen lassen. Vielleicht sollte es auch mal wieder eine gesündere Idee sein? Dann genießen Sie Ananas- und Pfirsichlöwen und nutzen Sie die Muffinförmchen für eine weitere Bastelei: Bei uns entstanden daraus Löwengesichter (durch einfaches Einschneiden ringsum), die daran erinnern, dass Gott uns starke Helfer schickt!

Jona im Wal

Jona 1–3

Gott gibt eine zweite Chance

Wie oft wünsche ich mir in diesen müden Momenten mehr Geduld mit meinen Kindern. Es tut gut, in der Bibel zu lesen, dass Gott mit uns geduldig bleibt und immer wieder eine zweite Chance ermöglicht.

Die Geschichte erzählt, dass Jona den Auftrag von Gott bekam, nach Ninive zu gehen. Er sollte den Menschen dort die Vernichtung der Stadt und ihrer Einwohner ankündigen, da diese nur Böses im Sinn hatten. Jona aber floh vor Gott und reiste auf einem Schiff in die entgegengesetzte Richtung. In einem bedrohlichen Sturm ließ er sich von der Besatzung über Bord werfen. Er war sich sicher, dass der Sturm seinetwegen tobte, und glaubte, sterben zu müssen.

Gott aber schickte einen Fisch, der ihn verschluckte. Jona betete, überlebte im Bauch seines Rettungstiers und wurde an Land gespuckt. Dort bekam er den Auftrag von Gott erneut zu hören. Jona nahm seine zweite Chance wahr und berichtete den Menschen in Ninive von Gottes Plan. Aus der Ferne beobachtete Jona, wie die Einwohner sich bei Gott entschuldigten und nun auf ihn hören wollten. Er erlebte, dass nicht nur er selber eine Chance bei Gott bekommen hatte, sondern dass Gott auch geduldig mit den Menschen in Ninive blieb und die Stadt verschonte.

Die Geschichte wurde bei uns in der Badewanne erzählt. Der Jonawal bekam Gesellschaft durch kleine blubbernde Moosgummiwale. Die Strohhalme führen zum Walmaul und lassen beeindruckende Luftblasen im Wasser aufsteigen, wenn man hineinpustet.

Mithilfe einer Klammer für Versandtaschen, zwei Papptellern, Filzstiften und einer Schere entstand eine Erzähldrehscheibe, bei der Jona geschluckt und wieder ausgespuckt wird. (Damit die Farben halten, dürfen die Teller nicht glänzend beschichtet sein.)

Verwandeln Sie das Wohnzimmer für eine Woche in eine Unterwasserwelt. Sie finden das etwas übertrieben? Ich liebe übertrieben – und meine Mädels auch! Die Fenster mit blauem Transparentpapier zu beziehen verleiht das entsprechende Licht. Oder sie werden mit Fenstermalfarben zu einem überdimensionalen Aquarium. Grüne Krepppapierstreifen, die von der Decke hängen, sind Wasserpflanzen. Pappteller, Luftballons und leere Plastikflaschen oder Joghurt-becher werden zu Meeresbewohnern.

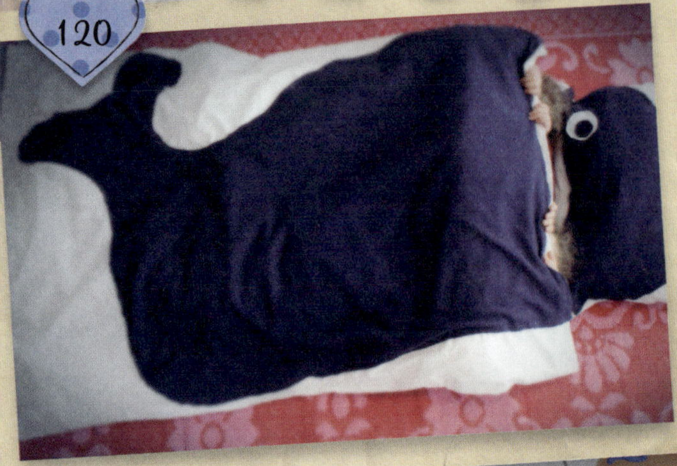

Mir gefällt der Gedanke, dass Jona sich in dem Wal geborgen fühlte. Ich entwarf daher Walbettwäsche für die Kinder, in der sie sicher schlummern können.

Eine blaue bodenlange Decke verwandelt den Esstisch in einen Wal, unter dem man sich wie in einem Walbauch fühlen kann. Oder Sie bemalen einen riesigen Karton mit einem Wal. (Sobald bei uns ein großer Karton ankommt, sitzt ein Kind darin, und um unseren Wal entstand direkt ein kleiner Streit: „Ich will zuerst verschluckt werden!" – „Aber Mama, ich will doch auch mal von dem Wal gefresst werden!")

Deutlich kleiner und leicht zu basteln sind Wäscheklammerwale, die ihr Maul öffnen und schließen können. Ich war auch entzückt von Tragetaschen, die in ihrem zuziehbaren Maul allerlei Kleinkram verschwinden lassen.

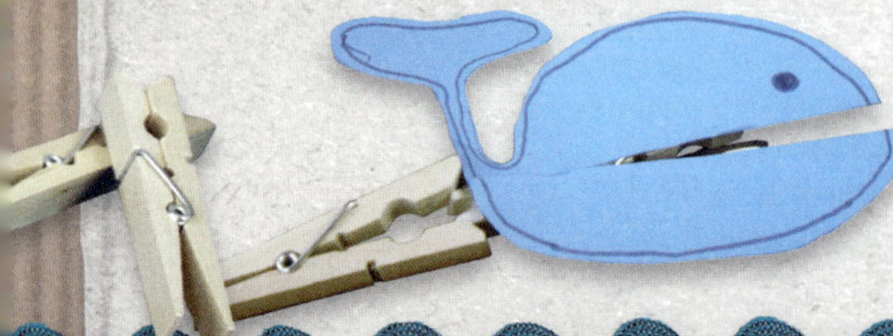

Wir verwandelten blaue Trinkbecher mit Augen und Flosse in einen Wal und befestigten eine Schnur mit Korkenjonamännchen vor dem Maul. Die Mädels entwickelten großen Ehrgeiz: Mit ein bisschen Hilfe übten sie das Jonafangen, „spuckten" ihn anschließend wieder aus, um den Korken dann wieder in die Luft hüpfen zu lassen und einen weiteren Fangversuch zu starten.

Etwas größer sind die Wale, die bei folgender Spielidee aktiv werden: Alle „schwimmen" durch den Raum, einer ist der Wal und macht große Schnappbewegungen mit den Armen und Händen. Es wird Fangen gespielt. Wer vom Wal gefressen wird, muss mit ihm zum Ufer eines definierten Landes, wie dem Sofa oder einem Teppich, tauchen und wird dort ausgespuckt.

Als besondere Süßigkeit gab es Walmuffins und natürlich durften Knabberfischchen nicht fehlen. Vielleicht backen Sie einen Überraschungskuchen, der innen hohl ist und so manche Leckerei verbirgt? Dazu fehlt mir das Backtalent, ich werde mal eine Freundin fragen. Aber auf jeden Fall gibt es gefaltete Walservietten und wir feiern ein Jona-und-die-zweite-Chance-Fest.

Zacharias und Elisabeth

Lukas 1,5–25 und 1,57–80

Gott macht mich manchmal sprachlos

Zwei Mal am Tag zündete ein ausgeloster Priester im Tempel das Räucheropfer an, bei dem Harze wie Weihrauch verbrannt wurden. Während Zacharias damit beschäftigt war, stand plötzlich ein Engel vor ihm und verkündete, dass er einen Sohn bekommen würde, der Johannes heißen soll. Zacharias und seine Frau Elisabeth waren schon älter und konnten keine Kinder bekommen. Der Priester fragte daher, woran er erkennen sollte, dass die Botschaft stimmt. Daraufhin kündigte der Engel an, dass der Priester nicht mehr sprechen könne, bis sich alles erfüllt. Zacharias bekam sein Zeichen und gleichzeitig eine Ermahnung, weil er sich nicht vorstellen konnte, dass Gott alles kann. Ohne Stimme ging er nach Hause, und Elisabeth wurde tatsächlich schwanger. Als der kleine Junge geboren wurde, schrieb Zacharias auf eine Tafel, dass er Johannes heißen soll. Ab dem Moment konnte er wieder sprechen und sang Gott ein Loblied.

Mich beeindruckt dieser Gott, der heute noch sprachlos macht vor Staunen. Mich beeindruckt aber auch, dass Zacharias ein Zeichen bekam, um ihm den Glauben zu erleichtern. Darin steckt für mich ganz viel Geduld. Diesen geduldigen Gott möchten wir weiter kennenlernen!

Nachdem wir die Geschichte in einer Kinderbibel angeschaut hatten, spielten wir die Szenen als Pantomime. Die Kinder hüpften auf und ab, während sie rieten, ob es sich um den Tempeldienst handelte, das Erschrecken vor dem Engel, einen vergeblichen Versuch zu sprechen, das Schreiben des Namens Johannes oder das Halten des kleinen Babys.

Die Priester hatten prunkvolle Gewänder mit einer Brustplatte aus Gold, die mit zwölf Steinen verziert war. Bemalen Sie eine feste Pappe mit goldener Farbe oder bekleben Sie diese mit einem Stück goldener Rettungsdecke (nein, ich erhalte keine Provision für den Verkauf von Rettungsdecken!). Malen oder kleben Sie glänzende Steine auf. Damit unsere Brustplatte umgehängt werden konnte, nutzten wir eine goldene Sternenkette, die für beide Töchter äußerst wertvoll ist.

Aus umgedrehten Blumentöpfen und Glitzermoosgummi entstanden goldene und funkelnde Kerzenständer. Denn im Tempel wurden von den Priestern auch goldene Leuchter angezündet. Mein Versuch, mit Räucherstäbchen und einem Räuchermännchen den Duft im Tempel nachzuvollziehen, scheiterte. Die Mädels husteten empört, bezeichneten das Ganze als „Gestinke" und der Rauch musste auf der Terrasse weiter vor sich hin aufsteigen.

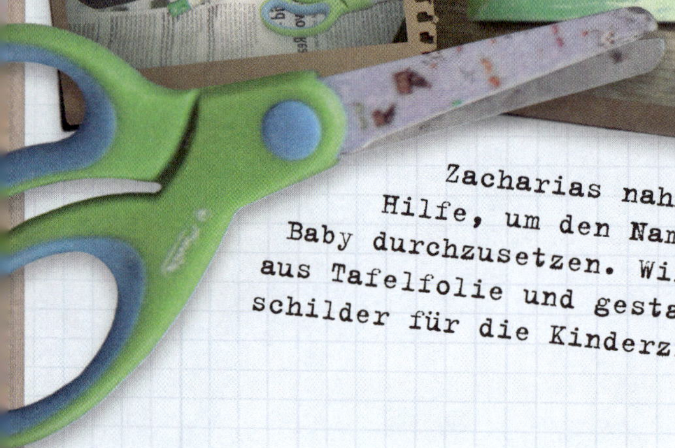

Zacharias nahm eine kleine Tafel zu Hilfe, um den Namen „Johannes" für das Baby durchzusetzen. Wir bastelten kleine Tafeln aus Tafelfolie und gestalteten mit Kreide Namensschilder für die Kinderzimmertüren.

Ein Engel im Tempel, was für ein unvergesslicher Moment für die Ankündigung einer Geburt! Mir bleiben meine eigenen Momente auch für immer im Herzen, in denen auf Ultraschallaufnahmen zu sehen war, dass wir Nachwuchs bekommen. Stöbern Sie gemeinsam durch Schwangerschaftsbilder. Vielleicht können Sie mit einem Fest der Vorfreude Familie oder Freunde, die bald ein Baby bekommen, überraschen und sie sprachlos machen. Und wenn es gerade keine Schwangere in der Nähe gibt, wird die eigene Babyparty gemeinsam nachgefeiert in der spannenden Gewissheit, dass Gott uns auch heute noch sprachlos werden lässt!

BOY

Lukas 1,26–38
und Lukas 2,1–7

JESUS WIRD GEBOREN

Gott will uns nahe sein

Stellen Sie sich der Herausforderung, die Geschichte der Geburt von Jesus mit ganz neuen Augen zu lesen – auch wenn Sie meinen, sie schon in allen Details zu kennen. Schlagen Sie die Erzählung in verschiedenen Bibelübersetzungen nach und nehmen Sie den Wunsch Gottes wahr, uns Menschen nahe zu sein. Gott selbst wurde Mensch, damit die Beziehung zu ihm wiederhergestellt werden konnte!
Die Bibel erzählt von der jungen Maria, die von einem Engel hörte, dass sie die Mutter von Jesus werden würde. Wir lesen von Josef, der zu seiner schwangeren Verlobten hielt und bereit war, das Kind wie sein eigenes zu versorgen und großzuziehen. Und schließlich erfahren wir davon, wie Jesus, der Retter der Welt, in einem einfachen Stall geboren wurde.

Jedes Jahr fasse ich den Vorsatz, die Adventszeit etwas besinnlicher zu gestalten. Aber irgendwie wird es dann doch wieder trubelig. Umso mehr staunte ich, als ich die Kinder dabei belauschen konnte, während sie mit unserer selbst gemachten Krippenbühne die Geschichte der Geburt von Jesus immer und immer wieder spielten. Finden Sie Ihre ganz eigene Familien-Krippen-Variante und bauen Sie sich Stallszenen auf. Dafür müssen Sie keine gekaufte Krippe besitzen. Wir haben schon Krippen aus Holz gesägt, aus Papier gebastelt oder aus Korken geklebt.

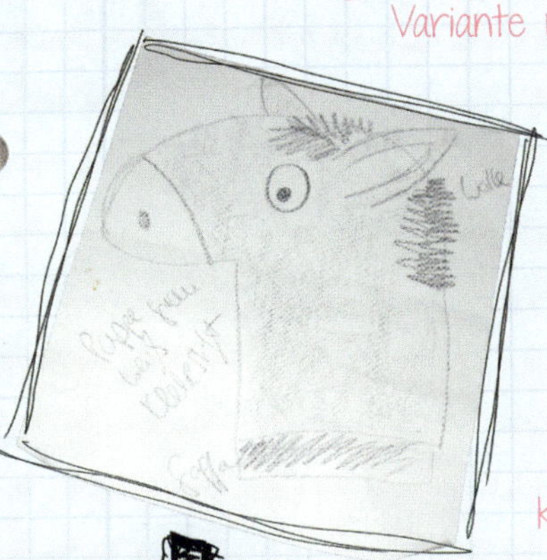

Maria und Josef mussten wegen einer Volkszählung nach Bethlehem wandern. Das Paar machte sich mit einem Esel auf den Weg. Sie kennen ja schon unsere Begeisterung für Steckentiere. Wir entwarfen auf grauer Pappe einen Eselskopf. Aus Wolle bekam unser Esel eine Mähne. Dann wurde er mit festem Klebeband an einem Holzstab befestigt und machte sich als Steckenesel auf den Weg zum Stall.

Gemeinsam stellten wir uns vor, was Maria und Josef wohl in ihrer Tasche auf dem Weg zur Geburt ihres Kindes mitnahmen. Für mich kaum vorstellbar, dass alles getragen oder auf dem Eselsrücken untergebracht werden musste. Wenn ich mit den Mädels zur Oma ins Nachbardorf fahre, dann ist schon der Kofferraum vollgepackt.

Wir hörten Weihnachtsmusik und wandelten das Spiel „Reise nach Jerusalem" um in die „Reise nach Bethlehem". Dafür steht genau ein Stuhl weniger als die Anzahl der Familienmitglieder bereit, und sobald die Musik pausiert, gilt es, einen Sitzplatz zu ergattern. Vielleicht laufen Sie bei dem Spiel nicht einfach um die Stühle, sondern reiten auf Ihren Steckeneseln?

Als Maria und Josef endlich in Bethlehem angekommen waren, gab es keinen Platz mehr in den Herbergen und sie übernachteten in einem Stall, in dem schließlich der Sohn Gottes geboren wurde. Ich würde zu gerne mal mit meiner Familie in einem Heuhotel übernachten. Vielleicht schaffen wir das im kommenden Jahr.

Mit Plätzchenausstechern bearbeiteten wir Wachsplatten, um die Figuren der Krippenszene auf Kerzen zu kleben. Allerdings wollten unsere Figuren erst nicht an den Kerzen haften. Mit etwas Fönwärme blieb unsere Krippenszene dann aber doch dort kleben, wo wir uns das vorstellten. Nur der Versuch, weitere Kerzen mit einem Flüssigwachsstift zu verzieren, endete in einem klebrigen Etwas. Wenn Sie herausfinden, wie das in hübsch geht, dann lassen Sie es mich wissen. (Achtung, Weihnachtssterne, wie Sie einen auf dem Foto sehen, sind nur dann stimmungsvoll, wenn Ihre Kinder die Alles-in-den-Mund-stecken-Phase definitiv hinter sich haben, da sie giftig sind. Bei uns bekommen diese Pflanzen immer noch einen Platz ganz weit oben auf dem Regal.)

Plätzchenbacken verläuft bei uns oft wenig harmonisch mit staubendem Mehl, rieselndem Zucker und eibeschmierten Händen, die trotz Salmonellen-Warnung abgeschleckt werden. Um dieses Chaos zu minimieren und meine Nerven zu schonen, stachen wir die Krippenfiguren aus fertigen Lebkuchenteigplatten aus und verzierten damit einen Kuchen. Im übernächsten Kapitel teile ich aber Uromas köstliches Butterplätzchenrezept mit Ihnen (falls Sie schon mal spitzen wollen, Mehlstaub gehört schließlich zu Weihnachten dazu!). Genießen Sie Ihre Backergebnisse und teilen Sie die Freude darüber, dass Gott uns so nahe wie möglich sein möchte – so nahe, dass er dafür Mensch wurde!

VON ENGELN UND HIRTEN

Gott schenkt große Freude

Während die Osterglocken blühten, hüpfte unsere Jüngste durchs Haus und sang, sie sei ein kleiner Hirte und befinde sich fröhlich auf dem Weg nach Bethlehem. Das Weihnachtssingspiel ihrer Kindergartengruppe hatte offensichtlich Eindruck hinterlassen, und auch ich ertappte mich immer wieder beim Summen der Melodie. Wir stellten uns vor, wie das wohl war, als die einfachen Hirten nachts auf den Feldern plötzlich von hellem Licht umgeben waren.

Ein Engel erschien und sagte den Hirten, dass sie keine Angst zu haben brauchten, sondern dass es Grund zu großer Freude gebe: Der Retter, Jesus Christus, war geboren! Der Engel erklärte den Hirten, wie sie Jesus finden würden, und plötzlich war der ganze Nachthimmel von Engeln erleuchtet, die Loblieder sangen. Ich bin mir sicher, dass diese Lieder den Hirten auch im Kopf blieben, als sie sich voller Vorfreude auf den Weg zum Stall machten. Ich wünsche mir und Ihnen mitten im Alltag, ob die Blumen blühen oder es gerade schneit, ein Stück von dieser großen Freude, die in jener Nacht von den Engeln ausging.

Zu meinem Kulissenfundus gehört ein elektrisches Lagerfeuer, um das wir uns als Hirten legten und die Mädels sich als Engel abwechselten. Noch beeindruckender ist es, wenn die Geschichte der überraschten Hirten im Dunkeln an einem echten Lagerfeuer erzählt wird. Letzten Winter machten wir an einer Waldfeuerstelle mitten im Schnee genau so ein Feuer.

Weil es in der Geschichte dunkel war, bastelten wir uns Schaflampen aus Pappe, Transparentpapier und Watte. Mit einem elektrischen Teelicht leuchten die Schafe wunderschön und sehen auch noch kuschelig aus.

Um richtige Schafexperten zu werden, besuchten wir mit Oma und Opa einen Streichelzoo. Experten waren wir nun wirklich keine ... Als wir nämlich Geld in den Futterautomaten geworfen hatten und die kleinen Pellets in der Auffangschale landeten, stürmten die Schafe den Automaten, und es war alles aufgefressen, bevor wir auch nur ans Füttern denken konnten. Ab da wollte die Große sich alles nur noch aus sicherer Entfernung anschauen und die Kleine wollte meinen Arm gar nicht mehr verlassen. Opa stellte sich beim nächsten Versuch wagemutig vor die Auffangschale, und so schafften wir es, doch noch ein paar Krümel selber zu füttern und das raue, fettige Schaffell zu fühlen.

Ich erinnere mich sehr gerne an unseren Familienbesuch in der Mainzer Kirche St. Stephan, in der wir die Chagall-Fenster bestaunten. Ich konnte mich kaum sattsehen an dem Licht, das blau in den Kirchenraum schimmerte und die Engel in den Scheiben zum Leuchten brachte. Zu Hause zerschnipselten wir Transparentpapier in allen Blau- und Gelbtönen und es entstand auf Haushaltsfolie geklebt unser ganz eigenes Engel-Chagall-Familienfenster.

Erinnern Sie sich daran, wie Sie als Kind rückwärts in den Schnee gefallen sind, Arme und Beine bewegt und Schneeengel geformt haben? Ermutigen Sie doch beim nächsten Schnee nicht nur Ihre Kinder dazu, sondern lassen Sie auch Mama- und Papaengel im Schnee entstehen! Für mich bleibt das Staunen im Blick meiner Töchter unvergesslich, als sie ihre ersten Schneeengel bewundern konnten. (Wenn nun wirklich langfristig gar kein Schnee in Sicht ist, könnten vielleicht äußerst viele Wattebällchen oder der Sandkasten auf dem Spielplatz eine Alternative darstellen.)

Wir machten uns außerdem an eine Engelbastelei aus Papptellern und beklebten diese großzügig mit Engelshaar (Lametta) und Glitzersteinchen.
Wussten Sie, dass es auch eine Nachspeise mit dem Namen Engelshaar gibt? 100 Gramm Zucker ließ ich dafür in einem Topf schmelzen und verteilte die bräunlich klebrige Masse mit schnellen Kreisbewegungen auf einem Backpapier zum Festwerden. Während wir uns die Karamellfäden auf der Zunge zergehen ließen, freuten wir uns darüber, dass Gott große Freude schenkt.

DIE DREI WEISEN

Matthäus 2,1–12

Gott macht meinen Weg hell

Vor Kurzem erlebte die Große zusammen mit Opa ihren ersten Planetariumsbesuch und kam freudestrahlend nach Hause. Ich erinnere mich noch sehr gut daran, wie ich als Kind auf diesen Kippsitzen saß und mein Vater meine Lehne nach hinten drücken musste, weil diese eigentlich für das Gewicht von Erwachsenen konzipiert war. Dann erklang eine geheimnisvolle Musik, der Boden in der Mitte des Planetariums öffnete sich und heraus kam ein riesiger Roboter mit lauter Bullaugen, die die Sternenbilder an die Kuppeldecke warfen. Eine tiefe Stimme aus dem Off erklärte die verschiedenen Bilder. Wenn man wieder nach draußen kam, war es ganz komisch, weil es ja gar nicht Nacht war und es keinen Sternenhimmel mehr zu sehen gab. Sobald nun Sterne am Himmel zu sehen sind, suchen sich die Mädels den Großen Wagen.

Die biblische Geschichte erzählt von den weisen Männern aus dem Morgenland, die sich besonders mit Sternen und Sternbildern auskannten. Sie kannten außerdem die Schriften und Verheißungen, dass ein König geboren werden würde. Als sie den neuen Stern sahen, machten sie sich mit Kamelen und Geschenken auf den Weg zu Jesus. Ich bin beeindruckt von der Ausdauer dieser weisen Männer. Sie hatten ein festes Ziel, sie ließen sich nicht von anderen abhalten oder verunsichern und durften die Erfahrung machen, dass Gott sie mit dem Stern leitete und ihren Weg hell machte.

Wie bereits berichtet verliebte ich mich auf einer Londonreise in drei Kostüme für kleine Weise, die seitdem immer wieder im Einsatz sind. Wir schlüpften in diese hinein und stellten uns vor, wie die drei Weisen aus dem Morgenland die Sterne beobachten und genau merken, als plötzlich ein neuer zu sehen ist. Für die weisen Männer durften natürlich selbst gebastelte Fernrohre und gemalte Sternenkarten nicht fehlen.

Wie die Weisen auf den neuen Stern am Himmel warteten, sind wir jedes Jahr schon ganz gespannt auf den Adventskalender von Oma.

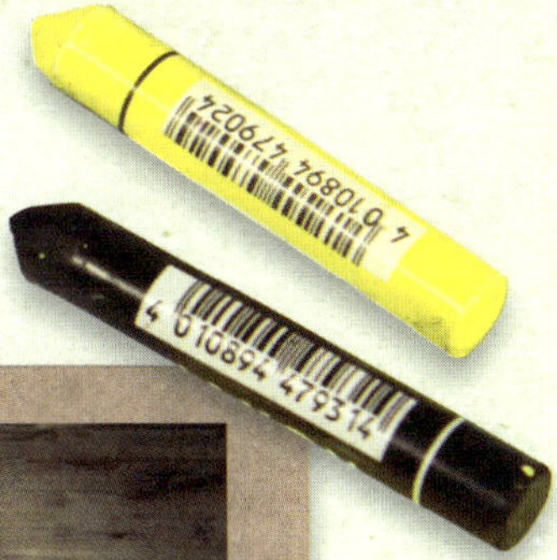

Haben Sie als Kind auch mit Wachsmalkreiden helle Farben auf ein Blatt aufgetragen, diese mit schwarzer Wachsmalkreide überdeckt und dann Muster und Formen hineingeritzt? Staunen Sie doch einmal wieder gemeinsam mit den Kindern, wie die darunterliegenden Farben scheinbar anfangen zu leuchten.

An Heiligabend brauchten die Kinder noch etwas Bewegung (und außerdem sollten die Geschenke unbeobachtet unter den Weihnachtsbaum wandern). Mit Straßenkreide machte ich mich auf den Weg, und die Mädels mussten mit ihrem Onkel bis 50 zählen, bevor sie mir oder besser gesagt den Sternen folgen durften. An jeder Weggabelung malte ich Sterne auf die Straße, die von meinen „drei Weisen" gezählt wurden. Kreuz und quer ging es durch die Nachbarschaft, bis ich erneut vor unserem Haus eine dicke Sternschnuppe malte und damit die Suche beendete. Keuchend und lachend trafen die drei am Ziel ein.

Stanzen Sie in Butterbrottüten Sterne, hinein kommt ein Glas mit Teelicht – und fertig ist eine stimmungsvolle Sternenleuchte. Haben Sie auch so viele Breigläschen gesammelt wie ich? Man weiß schließlich nie, wofür man die noch gebrauchen kann. Malen Sie einfach mit Glasstiften Sterne darauf und verwandeln Sie Eingangsbereich, Treppen oder Esstisch mit elektrischen Teelichtern in einen funkelnden Sternenhimmel.

Apropos Glasstifte: Ich hatte Sterne aus Pappe ausgestanzt und die Umrisse an eine Fensterscheibe geklebt. Die Kinder hatten großen Spaß daran, diese Schablonen mit gelber Fensterfarbe zu füllen und so nach und nach einen Sternenhimmel auf den Scheiben entstehen zu lassen. Außerdem hatten sie im Kindergarten Papiersterne gebastelt, mit denen wir zu Hause in Serie gingen. Dafür werden zwei identisch große Sterne aufeinandergelegt und in der Mitte zusammengetackert. Wenn die einzelnen Zacken aufgefächert werden, entsteht ein dreidimensionaler Stern.

Genug von filigraner Bastelei? Dann wird gehämmert und gebohrt! Das passiert bei uns am besten in Opas Kellerwerkstatt. In ein Brett schlugen wir Nägel, die wir in Sternenform angeordnet hatten. Wenn diese Nägel mit gelber Wolle umwickelt werden, entsteht ein außergewöhnlicher Weihnachtsstern. Für eine andere Variante werden Löcher in Sternenform gebohrt, dann wird die gelbe Wolle hindurchgefädelt.

Die Weisen hatten ihre Kamele nicht nur mit allem Nötigen für die Reise bepackt. Sie hatten auch Geschenke für den neuen König dabei, um Respekt und Ehrfurcht zum Ausdruck zu bringen: Gold, Weihrauch und Myrrhe. Wie diese wohl verpackt waren? Wir beklebten Geschenkdöschen, schnupperten an Weihrauch-Räucherstäbchen, bewunderten Myrrhereste aus der Apotheke und stapelten Schokoladengoldtaler in ein Schatzkistchen.

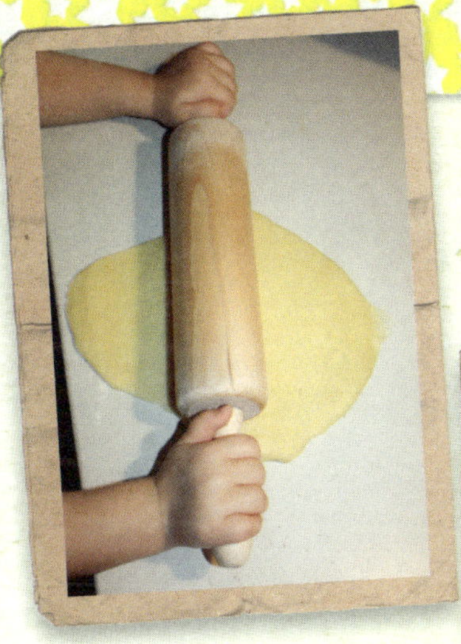

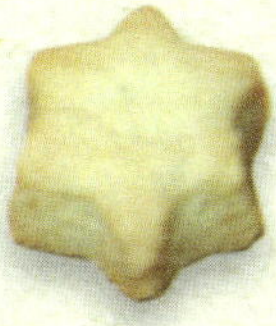

Natürlich bieten sich zu Weihnachten ganz besonders Sternenkekse an – und hier kommt es endlich:

Uromas Rezept

für köstliche Butterplätzchen

Sie brauchen dafür 2 Pfund Mehl, 1 Pfund Butter („Gute Butter!“, würde Uroma betonen), ein halbes Pfund Zucker, 2 Eigelb und 2 Päckchen Vanillezucker. Das Verkneten kostet etwas Zeit und Nerven, aber der Duft beim Backen und der Geschmack entschädigen dafür auf jeden Fall. Die ausgestochenen Sterne werden auf Backpapier auf der zweiten Schiene von unten für 11–15 Minuten bei 180 Grad gebacken. Viel Spaß bei der Zubereitung! Und freuen Sie sich gemeinsam an dem ursprünglichen Weihnachtsstern und daran, dass Gott auch heute unseren Weg hell macht – auch wenn manchmal etwas Ausdauer nötig ist!

JESUS LÄSST SICH TAUFEN

Matthäus 3,1–17 und Johannes 1,12

Gott nimmt uns als Kinder an

Können Sie sich an den Moment erinnern, als Ihr Sohn oder Ihre Tochter das erste Mal von Familie und Freunden besucht wurde? Ein winziges Baby, vielleicht in Ihrem Arm, noch nicht in der Lage, irgendetwas zu leisten, und Sie strahlen stolz in die Welt: „Das ist mein Kind!“
Gott selbst stellt in dieser Bibelgeschichte den Menschen sein Kind Jesus und sich als Vater vor. Johannes der Täufer hatte von Jugend an den Retter angekündigt, hatte die Menschen dazu aufgerufen, von ihren falschen Wegen umzukehren, sich an Gott zu halten und sich taufen zu lassen. Mit der Taufe drücken die Menschen aus, dass sie ihre schlechten Taten bereuen und zu Gott gehören wollen. Als nun Jesus zum Jordan kam, um sich taufen zu lassen, war das seltsam, weil er noch nie etwas Böses getan hatte. Jesus bestand aber darauf und wollte anderen Menschen als Vorbild dienen. Nachdem Johannes ihn untergetaucht hatte, kam der Heilige Geist wie eine Taube vom Himmel auf Jesus herabgeschwebt. Die Menschen hörten aus dem Himmel die Stimme Gottes: „Das ist mein Sohn! An ihm habe ich große Freude.“ An anderen Stellen in der Bibel ist zu lesen, dass Gott sich nicht nur über Jesus als sein Kind freut, sondern über alle Menschen, die ihm vertrauen. Wir sind Kinder von Gott – diese Vorstellung fasziniert mich immer wieder. Gott freut sich über uns! Er wünscht sich, dass wir ihn als Vater annehmen.

Schlüpfen Sie für diese Geschichte in die Rolle von Johannes dem Täufer. Erzählen Sie von seinem ungewöhnlichen Leben als Wanderprediger, der Heuschrecken und wilden Honig aß (ich entdeckte dafür kleine Döschen mit Honig und Honigwaben) und seine Kleidung aus Kamelhaaren fertigte. Sie besitzen keine kratzige Kamelhaarkleidung? Aus einem alten Kartoffelsack lassen sich tolle Kostüme schneidern. Berichten Sie vom Staunen über diese außergewöhnliche Taufe.

Erstellen Sie gemeinsam einen Familienstammbaum. Ich bekam unseren Stammbaum auf einem großen Plakat vom Uropa geschenkt. Das ist für mich ein ganz besonderer Schatz, weil ich darin nachlesen kann, zu wem ich gehöre.

Zugehörigkeit drücken meine Mädels gerne durch Partnerlook aus. Wie wäre es, wenn es einen Partnerlook mit dem Papa gäbe? Oder sich jeder einen Hut aufsetzt, in seinen Pyjama schlüpft, sich alle einen Schnurrbart anmalen oder eine Krawatte umbinden? Auch denkbar: Alle tragen Klamotten in nur einer Farbe. Plündern Sie Ihre Kleiderschränke und veranstalten Sie eine vergnügte Familienfotosession!

Es ist ganz schön schwierig, sich das vorzustellen, aber vielleicht tun Kinder sich dabei einfach leichter: Bei der Taufe von Jesus sah der Heilige Geist aus wie eine Taube, die aus dem leuchtenden Himmel kam. Wir bastelten dafür weiße Tauben aus Papptellern, die wir an langen Metallfedern aufhängten und die damit sogar aussahen, als würden sie wippend fliegen. Die Taube war für Johannes den Täufer das Zeichen und die Bestätigung, dass Jesus Gottes Sohn war. Auch uns erinnern die Tauben jetzt daran, dass wir Gottes Kinder sind.

Unsere Zweijährige war nach ihrem ersten Gottesdienstbesuch mit Taufe so beeindruckt, dass sie sämtliche Puppen und Kuscheltiere zu Hause taufte. Und weil die Taufe ein besonders festlicher Gottesdienst ist, nach dem es ein Kuchenbuffet oder besondere Torten gibt, wurden bei uns Lieblings-Muffins gebacken und hübsch verziert. (Meine Tochter erlebte als Kind eine Segnung und wurde noch nicht getauft. Daher plant sie schon fleißig für den großen Tag und wünscht sich – dem Anlass angemessen – einen viereckigen Schokoladenkuchen mit blauer Zuckerglasur.) Feiern Sie, dass sich Gott nicht nur zu Jesus als seinem Sohn bekannt hat, sondern dass auch wir zu ihm gehören und Gottes Kinder sind! Diese Vater-Kind-Beziehung werden wir in den folgenden Kapiteln noch näher erkunden.

Das Wunder auf einer Hochzeit

Johannes 2,1–12

Gott gibt das Beste

Während die Mädels mit Bechern in der Badewanne spielten, hörte ich plötzlich begeisterte Ausrufe: „Wein! Es ist Wein geworden! Genug Wein für alle!“ Nun trinken weder mein Mann noch ich Alkohol, aber über diese Begeisterung konnte ich mich freuen und achtete nur darauf, dass das Badewasser nicht verkostet wurde.
Die Bibelgeschichte berichtet davon, dass Jesus mit seinen Freunden und seiner Mutter zu einer Hochzeit in Kana eingeladen war. Als auf der Feier der Wein ausging, wurde er von seiner Mutter angesprochen – sie erhoffte sich wohl eine Lösung von ihm. Marias Vertrauen in ihren Sohn beeindruckt mich. Schließlich hatte Jesus bis zu diesem Zeitpunkt noch kein Wunder vollbracht. Jesus gab den Dienern tatsächlich einen Auftrag: Sie sollten sechs Steinkrüge mit je 100 Litern Wasser füllen. Und er machte aus dem mühsam geschöpften Wasser den besten Wein, den der Speisemeister je getrunken hatte. Es wurde nicht in einem magischen Moment alles perfekt. Es war anstrengendes Wasserschleppen nötig. Und manchmal ist das „Beste“ so anders und viel weiter in der Ferne, als ich mir das vorstelle. Aber diese Gewissheit von Maria, dass Gott über allem steht und nicht nur etwas gibt, sondern das Beste, diese Gewissheit wünsche ich mir für meine Familie und mich!

Zu jeder Hochzeit gehört eine besondere Einladungskarte, und das gilt auch für die Hochzeit zu Kana. Verschicken Sie eine gebastelte Karte mit der Post an Ihre Kinder. Laden Sie zur Kana-Hochzeitsfeier ein, bitten Sie um schicke Kleidung und weisen Sie darauf hin: „Für Essen und Trinken ist reichlich gesorgt!"

Als ich noch mit einem viel zu früh am Morgen wachen Baby unterwegs war, war oft der Baumarkt der einzige bereits geöffnete Anlaufpunkt. Einmal entdeckte ich dort diese Regentonne. Eine Amphore mit einem enormen Fassungsvermögen. Genau so stelle ich mir die Wasserkrüge vor, die gefüllt werden mussten. Ich schlich ein Dutzend Mal darum herum. Aber weil ich keine weitere Verwendung für so eine große Tonne hatte, kaufte ich sie letztendlich doch nicht. Macht aber nichts, denn die Geschichte lässt sich auch prima direkt in der Gartenabteilung erzählen, oder?

Der Gedanke ist verlockend, mit Himbeersirup und Wasser zu einem kleinen Wunder beizutragen. Aber wie würden Sie sich fühlen, wenn Ihr großer Bruder irgendwann zu Ihnen sagt: „Von wegen Wunder! Weißt Du nicht, dass Mama einfach Himbeersirup reingekippt hat?“ Nein, ich denke, dass Wunder Gottes auch solche bleiben sollten, über die sich noch erwachsen gewordene Kinder wundern können. Ich schlage Ihnen vor, mit den Kindern zusammen über die Geschichte zu staunen und den Himbeersirup gemeinsam in eine gläserne Karaffe zu gießen.

Stöbern Sie in Hochzeitsalben, verkleiden Sie sich als Brautpaar und schießen Sie Hochzeitsfotos. Für die Mädels war es ein ganz besonderer Moment – und für mich erst recht –, als beide mit besonders hübscher Frisur mein Brautkleid anprobieren durften und darin fotografiert wurden. (Diese Bilder möchte ich für sie gut aufbewahren. Vielleicht kommt mal ein großer Tag in ihrem Leben, an dem ich sie ihnen schenke.) Aber auch ohne echtes Brautkleid entstehen tolle Bilder! Kramen Sie in Schubladen und Schränken und lassen Sie Ihre Kinder Braut oder Bräutigam werden.

Keine Hochzeit ohne Torte! Wir füllten Teig in eine dreistöckige Form. Nach dem Backen wurde der Kuchen mit Zitronenglasur überzogen, und nach vollständigem Trocknen machten wir uns an den Fondant. Es sollte eine „Wasser-zu-Wein-Hochzeitstorte" werden und alle kneteten fleißig an blauen Wassertropfen und kugelrunden lila Weintrauben.

Beziehen Sie einen Tisch mit Papiertischdecke oder Packpapier und malen Sie mit den Kindern darauf, was es an einer Hochzeitstafel für leckere Dinge zu essen und zu trinken gibt. Natürlich darf Traubensaft nicht fehlen. Welch eine Überraschung, wenn Sie einige dieser Dinge – natürlich nur die Besten – dann aus Ihrer Küche hervorholen. Freuen Sie sich gemeinsam daran: Gott gibt das Beste!

FISCH-FANG

Lukas
5,1–11

Gott überrascht mich

Ich kann mich noch lebhaft daran erinnern, wie wir als Familie mit Oma und Opa einen Urlaub am Meer verbrachten. Die Jungs und Männer hatten sich Angeln besorgt und standen damit stolz auf den Felsklippen. Währenddessen sollten wir Mädels und Frauen schon einmal die Beilagen für das Essen vorbereiten. Allerdings ließ sich kein einziger Fisch fangen (zur großen Erleichterung meiner Mutter, die sich bereits mit dem Gedanken an das Ausnehmen beschäftigt hatte).
Erst am nächsten Tag erfuhren die leicht verstimmten Neu-Fischer von lokalen und erfahrenen Anglern, dass die falschen Köder an ihren Haken hingen.
Als den Fischern der biblischen Geschichte die Netze leer blieben, bedeutete das nicht nur ein einziges verhindertes Abendessen, sondern gleich die Bedrohung ihrer ganzen Existenz.
Mich fasziniert, dass diese erfahrenen Männer tatsächlich auf den Rat eines Zimmermanns hörten. Sie mussten doch irgendwie gemerkt haben, dass an diesem Jesus etwas Besonderes war.
Sie fuhren also erneut und am helllichten Tag auf den See. Ihre Netze wurden so voll, dass sie noch Hilfe von weiteren Booten benötigten. Für einige dieser Fischer war das der Beginn ihrer Freundschaft mit Jesus, und sie sollten als seine Jünger noch so einiges Überraschendes erleben. Ich wünsche mir, dass wir als Familie auch solche Freunde von Jesus werden, indem wir uns an den Ratschlägen Gottes orientieren, wie abwegig die auch scheinen mögen, und uns von ihm überraschen lassen!

Erzählt wurde die Geschichte von mir mit einem Fischhandschuh. Dafür besorgte ich mir einen blauen Peeling-Handschuh aus dem Drogeriemarkt, an den ich Filzfische nähte. (Die können Sie natürlich auch kleben. Aber, ich wollte möglichst reißfest erzählen, da eine besonders kleine Zuhörerin dabei saß.) Meine Töchter machten beim Handschuherzählen abwechselnd mit und gaben jedem Fisch einen Namen.

Natürlich können Sie auch in die Rolle der Fische schlüpfen, die gerade noch den Netzen entkommen sind. Dafür machten wir einen langen Schnitt in den Boden der blauen Tragetüten eines schwedischen Möbelhauses und bemalten und beklebten sie. Dann steigt man oben in die ehemaligen Taschen ein und zieht die Henkel als Aufhängungen über die Schultern.

Besuchen Sie doch mal wieder Freunde, die ein Aquarium oder einen kleinen Fischteich besitzen. Oscar, der Karpfen im Teich von Bekannten, darf bei Besuchen sogar gefüttert werden. Und wenn Sie keine Freunde mit Fischen haben - ab in die Zoohandlung!

Bereiten Sie eine Fischgrundlage aus Tonpapier vor und lassen Sie die Kinder mit Korken und Farbe oder mit Fingerfarbe und Daumenabdrücken die Schuppen stempeln. Anstatt die Schuppen zu stempeln, können sie auch geklebt werden. Besonders schillernd werden die Fische, wenn für die Schuppen Alufolie zum Einsatz kommt.

Im letzten Nordseeurlaub entdeckte mein Mann ein Schild in einer traditionellen Fischräucherei: „Kutterfahrten für die ganze Familie!" Oh, wie gut hätte so eine Kutterfahrt zu dieser Geschichte gepasst. Ich stellte mir die Kinder vor, wie sie beim Einholen der Netze dabei wären. Die Sache hatte nur einen Haken: Ich werde schon auf einer Kinderschaukel elendig seekrank und ich war einmal dabei, als Fischer im Hafen ihre Netze zum Trocknen aufhängten. Allein bei der Erinnerung an den Geruch wurde mir übel. Eine ungünstige Kombination ... So musste der Kutter ohne unsere Familie aufs Meer hinausfahren. Und wir spielten stattdessen am Tisch ein Angelspiel: Alle legen ihre Hände als Fische auf den Tisch. (Sie können auch noch Fische auf die Hände malen.) Derjenige, der an der Reihe ist, kreist mit einer Hand über die Fische und sagt: „Ich hab' gefischt, ich hab' gefischt und habe keinen Fisch erwischt!" Beim letzten Wort schnallt die Anglerhand auf den Tisch und versucht, die sich zurückziehenden Hände der anderen zu treffen.

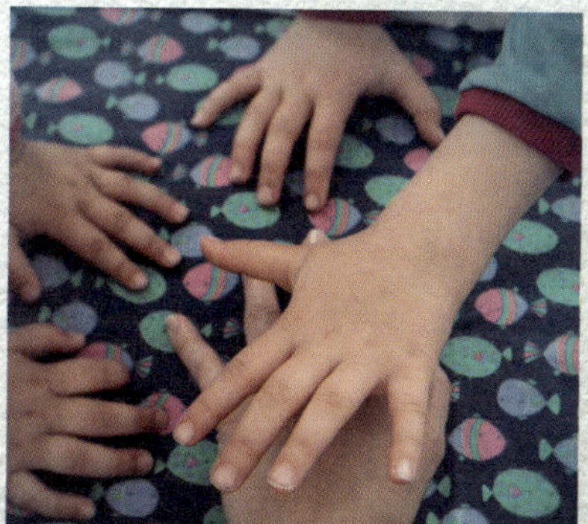

Wir fischen auch gerne mit einer Magnetangel ausgeschnittene und bemalte Papierfische, die mit nicht ummantelten Büroklammern versehen werden.

Aber der absolute Knüller für die Mädels sind Salzstangenangeln. Für die Große gibt es dazu Frischkäse und für die Kleine Erdnussbutter. Die Salzstangen werden in den Käse oder das Nussmus getunkt. Damit werden dann in kleinen Schälchen Knabberfischchen „gefangen", die zur großen Verblüffung an den knusprigen Angeln kleben bleiben. Dabei freuen wir uns darüber, dass auch Gott uns überraschen möchte!

Segen

FÜR DIE KINDER

Gott streckt uns seine Hand entgegen

„Ich glaube nicht, dass dein kleiner Bruder da drin ist!“ Ich stand vor einem Schrank von Türsteher, der mir mit abwehrender Hand den Eintritt verwehrte. Mein kleiner Bruder war zu dem Zeitpunkt zwar gar nicht mehr so klein, aber meine Eltern machten sich dennoch Sorgen um ihren Jüngsten. Sie baten mich auf einer Veranstaltung, nach ihm zu sehen. Es war nicht so einfach, an dieser abweisenden Hand vorbeizukommen. Erst der Cheftürsteher winkte mich durch. Es war alles in Ordnung, und ich konnte meine Eltern beruhigen.

Damals kam ich mir mit meinem Auftrag etwas lächerlich vor. Heute kann ich meine Mutter verstehen, denn ich bin genau so eine Mama geworden, die selbstverständlich nur Gutes für ihre Kinder will. Das ist nicht nur über eine Generation hinweg dasselbe geblieben, sondern über viele Jahrhunderte.

Die Mütter, die in der biblischen Geschichte ihre Kinder zu Jesus bringen wollten, damit er sie segnete, standen nicht nur vor einem Türsteher. Es war gleich eine ganze Gruppe von Jüngern, die sich den Müttern empört in den Weg stellte, um Jesus Ruhe zu gönnen. Aber dieser rügte sie dafür scharf und winkte die Kinder zu sich. Er segnete sie, legte ihnen die Hände auf und „herzte“ sie.

Es sind diese Geschichte und dieses Bild, die für mich Gott und Glaube so attraktiv machen. Die Kinder gehören ausdrücklich dazu! Durch Jesus wissen wir, dass Gott den Kindern ganz besonders Gutes tun und zusagen möchte und ihnen seine Hand entgegenstreckt.

Weil in dieser Geschichte Hände eine besondere Rolle spielen, lässt sie sich prima mit Handbewegungen erzählen: Mütterhände, die ihre Babys im Arm halten oder Kleinkinder daran führen. Jüngerhände, die abwehren und verscheuchen. Und die Hände von Jesus, die freundlich heranwinken, den Kopf streicheln und segnend über die Kinder gehalten werden.

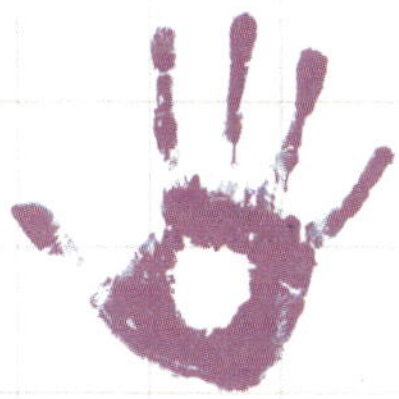

Alle Generationen gehören zusammen! Fertigen Sie zur Illustration ein Bild mit kleinen und großen Handabdrücken an, die übereinander angeordnet werden. Mit Wasserfarben und Pinsel malen alle gerne und Babyöltücher machen die Hände schnell wieder sauber.

Eigentlich wollten die Jünger nicht, dass die Kinder zu Jesus kommen. Deswegen gab es bei uns ein Stopp-und-weiter-Spiel mit einer Papphand. Alle starten gemeinsam in einer Ecke des Hofs oder der Wiese. Der Halter der Papphand entscheidet, wann gestoppt und wann gelaufen werden soll, indem er die Hand abwehrend nach oben hält oder einladend entgegenstreckt.

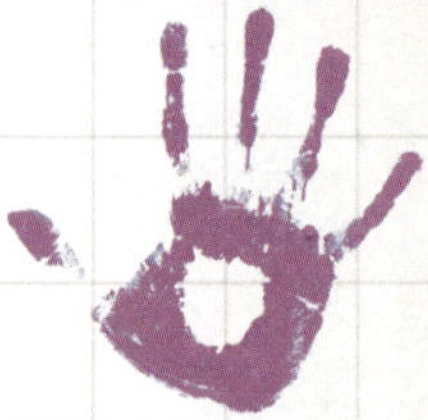

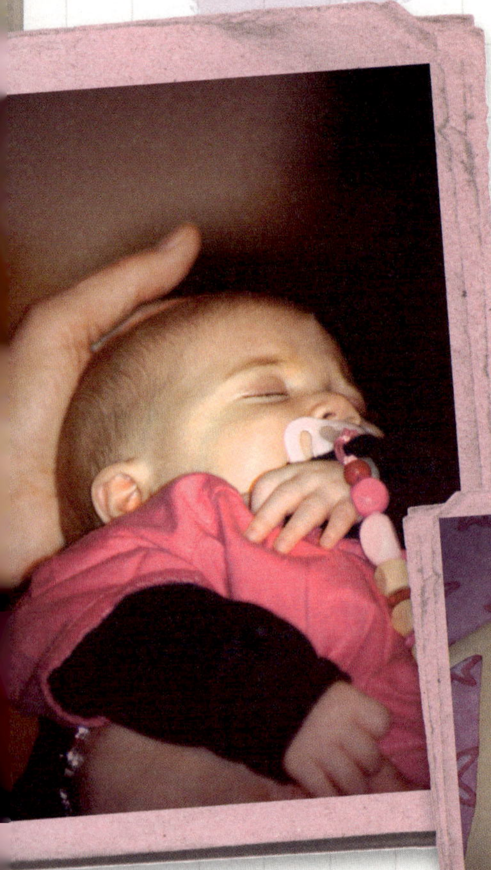

Als unsere beiden Kinder von einem Pastor gesegnet wurden, waren das für uns ganz besondere Momente und Gottesdienste. Im Alltag möchten wir diesen Segen fortsetzen. Es war zur Zeit der Bibel üblich, innerhalb der Familie Segen zu wünschen und dem anderen damit das Gute und die Begleitung Gottes zuzusprechen. Oft war das mit einer Berührung verbunden, wie zum Beispiel die Hand auf den Kopf zu legen. Für eine ganz neue Art des Bittens um Gottes Segen legten wir uns nacheinander auf Packpapier, zogen mit einem Stift den Körperumriss nach und schnitten ihn aus. Dann malten und schrieben wir in das Innere, wie sehr wir den anderen lieb haben und was wir ihm besonders wünschen. Segensworte können der Bibel entnommen oder frei formuliert werden.

Ich liebe es, wenn sich unterwegs eine kleine Hand in meine schiebt. Diese Momente würde ich am liebsten für immer festhalten. Wann sind Sie das letzte Mal Hand in Hand spazieren gewesen? Machen Sie einen Hand-in-Hand-Familienspaziergang und freuen Sie sich daran, dass jeder dazugehört! Hand in Hand laufen auch Papiermännchen. Die Mädels staunen jedes Mal aufs Neue, wenn wir Papier falten, ich ein Persönchen aufmale, wir es ausschneiden und dann zu einer langen Kette auffalten.

Sprechen Sie als Familie darüber, was Sie immer daran erinnern könnte, dass wir bei Gott willkommen sind und er uns seine Hand entgegenstreckt!

Ein Blinder kann sehen

Markus 10,46–52

Gott hört mich

An manchen müden Tagen werden mir die Mama-Rufe und Mama-Fragen fast zu viel. Permanent gefordert zu sein und immer alles zu geben ist echt erschöpfend. Noch viel mehr Rufen und Fragen werden die Freunde von Jesus gehört haben, während dieser sich stets geduldig um die Menschenmengen kümmerte. Darunter auch um den blinden Bartimäus.

Unsere Kinder kennen die Herausforderungen von nachlassender Sehkraft als Realität bei Oma und Opa. Vor dem Vorlesen oder Bewundern eines gemalten Bildes geht es auf Brillensuche. Natürlich setzen die Mädels die gefundene Brille dann erst einmal kichernd selber auf.

Für Bartimäus war die Sehbehinderung alles andere als lustig. Blindheit war damals eine Existenzbedrohung, und Bartimäus war auf Almosen angewiesen. Als er eines Tages hörte, dass Jesus sich mit einer Menschenmenge näherte, fing er an, von seinem Platz aus nach Jesus zu rufen. Den Leuten war das peinlich, sie versuchten, ihn zum Schweigen zu bringen. Aber Bartimäus schrie hartnäckig nur noch lauter. Jesus hörte den Blinden und ließ ihn zu sich kommen. Auf die Frage, was er für ihn tun könne, antwortete Bartimäus, dass er sehen möchte. Und tatsächlich erfüllte Jesus ihm diesen Wunsch. Ich bewundere Jesus dafür, dass er die Ruhe und Geduld hatte, mitten im lärmenden Trubel den Blinden zu hören und sich Zeit für ihn zu nehmen. Wie gut zu wissen, dass auch ich und meine Familie von einem geduldigen Gott gehört werden!

Wir bogen Pfeifenputzer zu bunten Brillen. Aus zwei kurzen Stücken entstanden die „Gläser", aus zwei etwas längeren die beiden Bügel. Ein ganz kurzes Stückchen hielt die Gläser schließlich über der Nase zusammen. Wir fertigten außerdem noch bemalte Pappbrillen und eröffneten in Omas und Opas Wohnzimmer unser eigenes Optikergeschäft.

Wir versuchten uns vorzustellen, wie es ist, nicht sehen zu können. Dafür besuchten wir den Erlebnisraum einer Hilfsorganisation. Dort bekamen wir Brillen, die uns nur noch verschwommene Farben sehen ließen. Außerdem erhielten wir Blindentaststöcke, und ein blinder Mann erklärte uns, wie er seinen Stock benutzt. Beim Betreten des Erlebnisraums vergaß ich allerdings sofort alles Gehörte und fing an, unsicher vor mir her zu stochern. Wir lernten an dem Tag noch einiges über Hilfsmittel für Sehbehinderte und Blinde. Zu Hause können Sie natürlich auch einfach die Augen verbinden und sich einen eigenen Taststock basteln.

Wir informierten uns über Blindenhunde, suchten im Ort nach piepsenden oder vibrierenden Fußgängerampeln und machten uns über die Angebote einer Blindenhörbücherei schlau. Die Geschichte vom blinden Louis Braille faszinierte uns, der 1825 mit nur 16 Jahren seine eigene Blindenschrift erfand.

Wir ertasteten unsere Namen auf einem Braille-Alphabet. In festes Tonpapier piksten wir mit Nadeln eigene Fühlschriften und Tastbilder.

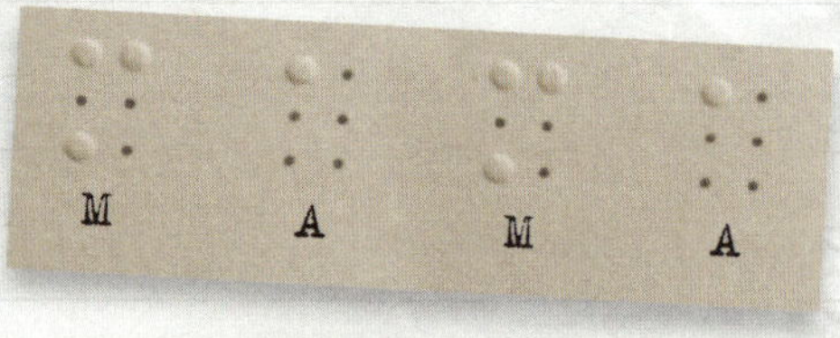

Außerdem beschäftigten wir uns damit, wie es ist, besonders gut fühlen und tasten zu können. Meine Töchter halfen fleißig mit, aus Stoff- und Tapetenmusterbüchern verschiedenste Oberflächen auszuwählen und diese als einzelne Seiten zu einem Buch zusammenzufügen.

Die Mädels hatten außerdem Spaß daran, kleine Kartons als Fühlboxen zu bemalen und zu bekleben. Dorthinein wurden dann kleine Gegenstände gesteckt, die von den anderen ertastet werden konnten.

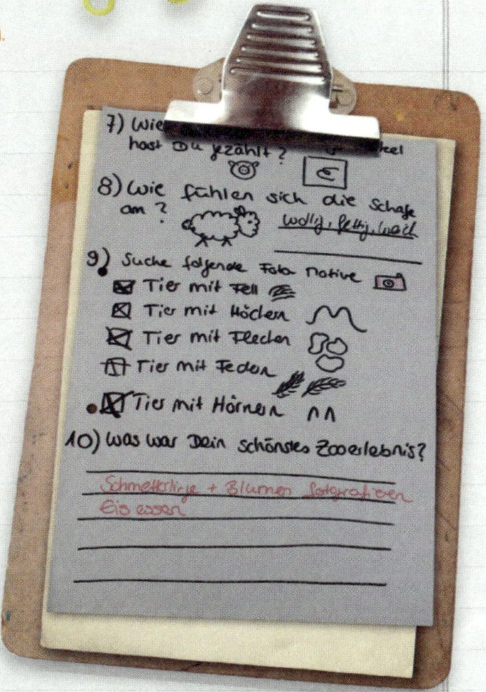

Wie wundervoll muss der Moment gewesen sein, als Bartimäus plötzlich Farben und so viele unbekannte Details sehen konnte! Unsere Kinder besitzen kleine Fotoapparate. Sie lieben es, von uns eine Liste mit Gegenständen zu bekommen und dann mit besonders offenen Augen durch die Welt zu laufen, um all diese Dinge aufzuspüren und fotografisch festzuhalten.

Wir spielten „Ich sehe was, was du nicht siehst" und staunten darüber, wie viele Farben unsere Augen entdecken können. Vielleicht gibt es in dieser Woche auch farblich besonders zusammengestelltes Essen mit Freude über die Gewissheit: Gott hört auch mich!

EIN GEHÖRLOSER kann hören

Gott meint genau mich

Die Krankenschwester kam mit meiner wenige Stunden alten Tochter zurück in mein Patientenzimmer. Soeben wurde versucht, einen Hörtest mit der Kleinen zu machen, und das Ergebnis war beunruhigend. Auch einige Tage später führte der Hörtest zu keiner besseren Diagnose. Uns wurde nahegelegt, den Test in einer Spezialklinik ein drittes Mal zu wiederholen. Ich erinnere mich, wie wir uns bangend auf den Weg zum dritten Hörtest machten, der unserer Tochter schließlich die volle Hörfähigkeit bescheinigte.

Ich denke an die Eltern des Mannes in der Bibelgeschichte, zu deren Zeit es keine Hörtests, keine modernen Spezialkliniken und auch sonst keine Unterstützung gab. Offensichtlich hatte er aber Menschen um sich, auf die er sich verlassen konnte. Diese brachten ihn nämlich zu Jesus. Er nahm ihn aus der Menschenmenge zur Seite – es ging ihm in diesem Moment nur um ihn. Jesus legte dem Gehörlosen die Finger in die Ohren, berührte mit seinem Speichel dessen Zunge und sagte seufzend: „Öffne dich!“ Und der Mann konnte hören und sprechen. Was er wohl als Erstes gesagt haben mag?

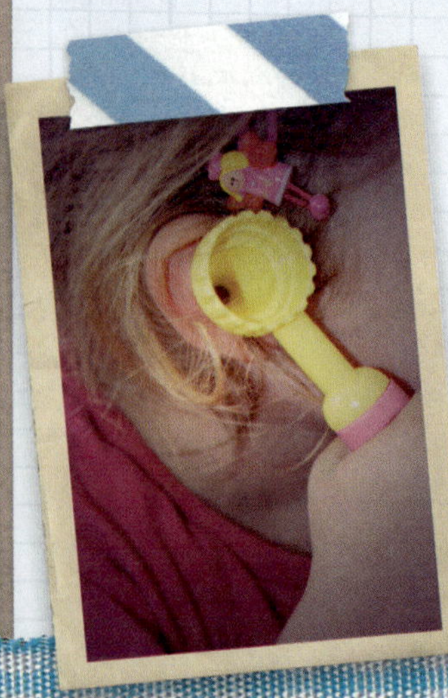

Ich wünsche mir, dass auch wir diesen Gott immer besser kennenlernen, der genau mich und meine Kinder als einzigartige Persönlichkeiten sieht, der mit unseren Herausforderungen seufzt und uns in allem begleitet und hilft!

Zu dieser Geschichte beschäftigten wir uns besonders mit Ohren und Hören. Die Kleine sitzt gerne auf Papas Schultern. Sie erklärte mir, dass sie dort am besten seine Ohren fühlen und daran ein bisschen ziehen könne. Erkennen Sie die Mitglieder Ihrer Familie mit verbundenen Augen nur durch Ertasten der Ohren?

Wir lernten, wie wichtig es ist, die eigenen Ohren zu schützen. Als mein Onkel uns mit seinem Motorrad besuchte, beobachteten die Mädels staunend, wie er seinen Helm absetzte und darunter Ohrstöpsel aus seinen Ohren nahm. Sofort wollten sie auch welche ausprobieren. Während wir uns unterhielten, rief die Kleine: „Du musst lauter sprechen, ich kann dich nicht hören!“ Aber die beiden weigerten sich für den Rest des Nachmittags, die Stöpsel aus den Ohren zu nehmen.

Eigentlich wollte mein Mann mit den Kindern etwas rumalbern und der Großen einen Schreck einjagen, als er auf einem Abendspaziergang hinter ihr Tiergeräusche nachahmte. Sie blieb allerdings ganz locker: „Papa, ich kenne deine Stimme jetzt seit fünf Jahren. Ich weiß, dass du es bist!“ Hörfähigkeit ist doch etwas ganz Besonderes!

Im Umgang mit älteren Familienmitgliedern wird das Nachlassen der Hörfähigkeit besonders deutlich. Wir unterhielten uns darüber, wie es ist, wenn lauter zu sprechen nicht mehr reicht oder das Gegenüber gar nicht hören kann. So entdeckten wir mit den Kindern die Gebärdensprache, schauten uns einen Clip an, in dem ein Lied mit den Gebärden begleitet wird, und übten uns selber in einzelnen Zeichen. Die Kinder staunten, dass Gott immer einen Weg findet, Menschen anzusprechen, ob sie nun hören können oder gehörlos sind.

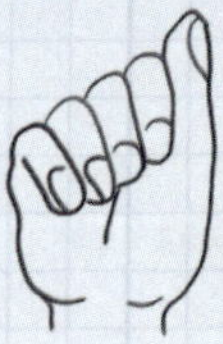

A

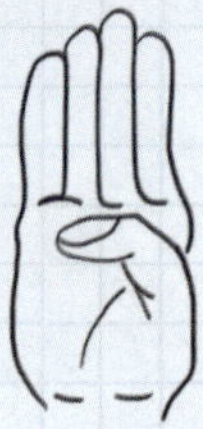

B

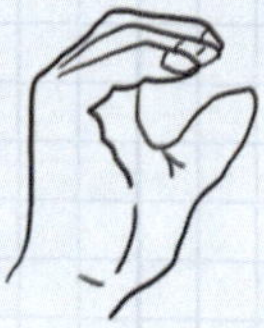

C

Legen Sie sich gemeinsam ins Gras und lauschen Sie. Was gibt es draußen alles zu hören? Oder starten Sie Ihre eigenen Hörspiele. Verstecken Sie eine tickende Eieruhr und lassen Sie danach suchen. Vielleicht müssen auch hinter einem aufgehängten Bettlaken erzeugte Alltagsgeräusche erraten werden (zum Beispiel zischende Sprudelwasserflaschen, knisternde Folie, Papier, das zerrissen wird).

Wir füllten außerdem leere Streichholzschachteln (auch möglich: Überraschungseierdöschen) mit winzigen Dingen. Je zwei waren gleich bestückt und es galt, durch leichtes Schütteln die Pärchen zu er-hören.

Spielen Sie oder Ihre Kinder ein Instrument? Wenn nicht, dann basteln Sie sich Gummizupfharfen, Schüttelbecher oder Topftrommeln und veranstalten Sie ein gemeinsames Juhu-ich-kann-hören-Konzert! Vielleicht kennen Sie einen passenden Liedtext. Staunen Sie über die Töne, die aus Ihrem Mund kommen, und trällern Sie gemeinsam. Es gibt allen Grund, dankbar zu sein: Gott hört Sie und meint genau Sie!

4 Freunde bringen einen Kranken zu Jesus

Markus 2,1–12

Gott lässt sich unterbrechen

„Kann ich einmal einen, nur einen einzigen Satz zu Ende bringen?" In manchen müden Momenten werde ich unheimlich ungeduldig, wenn ich permanent unterbrochen werde.
Und während ich noch grummelig bin, lese ich die Geschichte der vier Männer, die ihren gelähmten Freund zu Jesus bringen wollten. Das Haus, in dem Jesus sprach, war so voll, dass es kein Durchkommen für die vier mit ihrer Krankentrage gab. Sie gaben aber nicht auf, bugsierten ihren Freund auf das Flachdach und fingen an, das vermutlich mit Lehm, Dung und Stroh gedeckte Dach zu öffnen. Als das Loch groß genug war, seilten sie den kranken Freund zu Jesus hinunter. Was war das für eine unerhörte Störung! Da bröckelte Dachmaterial auf die Zuhörer, und Jesus wurde mitten im Sprechen und Heilen unterbrochen. Aber Jesus wurde weder ungeduldig noch grummelig.
Er wies die vier Freunde nicht genervt zurecht, sondern sah den Menschen in seiner Not und half ihm.
Jesus sagte einmal, dass wir durch sein Handeln das Handeln Gottes erkennen. Ich bin beeindruckt von so einem Gott, der sich von meinen Kindern und auch von mir geduldig unterbrechen lässt und hilft!

Für diese Geschichte ließen wir unsere Handpuppe in die Rolle des Gelähmten schlüpfen. Gemeinsam dachten wir uns verschiedene Möglichkeiten aus, die Puppenbeine zum Laufen zu bringen. Wir kitzelten, streichelten, klebten Pflaster und wickelten Verbände, wir brachten unseren Kinderarztkoffer zum Einsatz und mussten schließlich doch feststellen, dass nichts zu machen war.

Also legten wir die Puppe in eine Decke und trugen sie gemeinsam durch den Raum. Natürlich lieben die Kinder es, genau so in einer Decke getragen zu werden. Bei all dem Spaß ist im Rahmen der Geschichte allerdings ein bisschen Fingerspitzengefühl gefragt. Denn der Gelähmte konnte nach einer Runde Getragenwerden nicht einfach aufstehen.

Gibt es in Ihrer Nähe einen Barfußparcours? Bauen Sie sich ansonsten einen eigenen im Garten auf. Bei schlechtem Wetter haben wir auch schon Obstkisten mit verschiedenen Dingen gefüllt und uns einen Parcours im Wohnzimmer gebaut. Ertasten Sie, was Sie gerade zu Hause und im Garten finden: trockenen und nassen Sand, Moos, Tannenzapfen, glatte und kantige Steinchen, gemähtes Gras, Watte, Korken, Wasser …

Wir überlegten und probierten, was wir mit unseren Füßen alles können: auf Zehenspitzen trippeln, leise anschleichen, laut trampeln, fröhlich hüpfen, im Kreis tanzen, wie ein Pferd galoppieren, müde schlurfen, auf Fersen durch den Raum wackeln ... Einer aus der Familie geht in einer Gangart vor, die anderen machen es nach. Man kann sogar mit den Zehen etwas greifen und mit den Füßen klatschen!

Aus Moosgummi schnitten wir Männchen aus. Ich finde Moosgummi auch deshalb klasse, weil es sich bemalen lässt. So bastelten wir den Gelähmten und tackerten auf die Rückseite der Beine Moosgummischlaufen, die genau so groß sind, dass Kinderfinger hineinpassen. Mit zwei Fingern, die von oben in die Schlaufen fahren, kann das Männchen zum Laufen gebracht werden.
(Ich probierte diese Bastelei auch mit Papier, das aber zu schnell reißt, und mit Pappe und Gummibändern, aber diese ließen sich nicht gut tackern und fransten an den Rändern aus.)

Wie gut, dass der Gelähmte Freunde mit so einem langen Atem hatte. Kürzlich erkrankte ein Freund unserer Töchter. Eine Woche lang sollte er wegen einer Lungenentzündung im Krankenhaus bleiben. Meine Mädels schickten ihm ein Beschäftigungspäckchen und wechselten sich damit ab, zu jeder Mahlzeit und zum Schlafengehen für ihn zu beten. Als es ihm besser ging, hörten die Gebete allerdings nicht auf. Zu jeder Mahlzeit und zum Schlafengehen wurde nun dafür gedankt, dass der Freund wieder gesund war. Ich war beeindruckt und gerührt von ihrer Ausdauer und ihrem Gottvertrauen und ich bin mir sicher, dass Gott ihren Gebeten zugehört hat.

Das ist doch ein guter Zeitpunkt, um mit Käsefüßen aus Blätterteig zu feiern und sich darüber zu freuen, dass Gott sich von uns unterbrechen lässt und hilft!

Gott macht aus wenig viel

Wenn ich morgens die Brotdosen mit dem Kindergartenessen für meine Töchter fülle, stelle ich mir oft vor, wie sie diese öffnen und den Inhalt gemeinsam mit ihren Freunden verspeisen.
Was die Mutter in der Bibelgeschichte wohl dachte, als sie die fünf Gerstenbrote und zwei Fische für ihren Sohn einpackte? Auf die Idee, dass aus dem Wenigen in den Händen von Jesus so viel werden würde, wäre sie sicher nie gekommen.
Jesus und seine Freunde wurden immer wieder von vielen Menschen begleitet, die ihm zuhören wollten. So sprach er mehrere Stunden zu der Menschenmenge am See Genezareth, die Zeit verflog und die Zuhörer hatten nichts zu essen dabei. Die Jünger brachten den Jungen mit seinen fünf Broten und zwei Fischen zu Jesus. Er sprach dafür das Dankgebet. Und als Brote und Fische verteilt wurden, war es so viel, dass mehr als 5000 Menschen satt wurden und außerdem noch jede Menge Reste eingesammelt werden konnten.

Mich beeindruckt die Vorstellung, dass Gott auch in unserem Leben aus wenig viel machen kann. Und das betrifft nicht nur Brote und Fische!

Diese Geschichte erzählte ich im Garten auf einer Picknickdecke mit Picknickkorb. Vorher färbte ich Marzipan mit Lebensmittelfarbe blau ein, stach Fische mit Plätzchenformen aus und verzierte damit einen Zitronenkuchen (dafür war tüchtiges Verkneten nötig und es wurde eine recht bunte Angelegenheit).

Bei Ihnen strahlt momentan keine Picknicksonne? Wir haben auch schon ein Garagendachbodenpicknick veranstaltet und ein Regenwetterwohnzimmerpicknick. Sie möchten lieber herzhafte, vitaminreichere Köstlichkeiten aus dem Korb fischen? Dann stechen Sie Fischbrotscheiben und Gurken- oder Radieschenscheibenschuppen aus.

Aus Papptellern und Klebeband formten wir Picknickkörbchen, die wir mit aus Knetgummi gestalteten Fladen und ausgestochenen Fischen füllten.

Fische aus Salzteig lassen sich nach dem Trocknen prima bunt anmalen. Wenn es eher gewerkelte Fische sein sollen, können Sie Fischumrisse auf Holz zeichnen. Die bekommen dann Schuppen aus bunten Heftzwecken oder Nägeln mit besonders großen Köpfen.

Die Fladenbrote des Jungen waren bestimmt ähnlich lecker wie die meiner Mutter. Backen Sie das Rezept doch gemeinsam mit Ihren Kindern nach. Während der Gehzeit können Sie die Bibelgeschichte erzählen oder sich darüber unterhalten, wo Gott in Ihrem Leben aus wenig viel machen könnte.

- 1/2 l lauwarmes Wasser
- 1000 g Weizenmehl
- 125 g Butter geschmolzen und abgekühlt
- 4 EL lauwarmes Wasser
- 2 TL Salz
- Sesamsamen (nach Belieben)
- 3 TL Zucker
- 2 Pck. Trockenhefe

So zaubern Sie zehn Fladen:

Hefe und 1 TL Zucker in 4 EL Wasser lösen und 10 Minuten gehen lassen. Die Hefelösung unter das Mehl rühren. Restliches Wasser, Butter, restlichen Zucker und Salz hinzugeben und gut verkneten. Bedeckt ca. 60 Minuten erneut gehen lassen. Backofen auf 175 Grad vorheizen. Mit der Hand Fladen formen oder ausrollen. Fladen auf ein gefettetes Blech legen, mit etwas Wasser beträufeln und mit Sesam bestreuen. Auf mittlerer Schiene 20 Minuten backen und auf einem Rost abkühlen lassen.

Ich wollte schon immer mal japanische Lampionfische basteln, diese Windsäcke in Fischform aus Papier oder Stoff. Dekorieren Sie Ihren Picknickort oder das Kinderzimmer mit diesen Fischen.

Auf der verzweifelten Suche nach Ideen, wie ich auch meiner Jüngsten gesunde Snacks mitgeben könnte, entdeckte ich die japanische Bento-Kunst. Ich bin ganz begeistert davon, zu welch köstlichem Kunstwerk eine Vesperdose werden kann! Meine Töchter teilen zwar nicht alle meine kulinarischen Leidenschaften, aber waren doch glücklich über Eier und Gurken in Hasen-, Herz- und Blumenform. Wenn morgens die Zeit etwas knapper ist, versuche ich wenigstens noch ein Zettelchen mit einem Kussmund oder einen kleinen Liebesbrief in den Rucksack zu stecken und auch daran zu erinnern: Gott macht in unserem Leben aus wenig viel!

Gott sieht meine Angst

Eine lustige Seefahrt sollte es werden, als mein Vater mit uns achtjährigen Zwillingen in einer kleinen Jolle in See stach. Das Steinhuder Meer ist nicht gerade das Meer vor Kap Hoorn. Aber als ein Wind aufkam, fühlte ich mich genauso wie am von Seeleuten gefürchteten „Ende der Welt“. Mit meiner Angst strapazierte ich die Nerven meiner Mitsegler. Natürlich überstanden wir dieses Wochenende, das stürmisch mit hohen Wellen in meiner Erinnerung tobt, unbeschadet. Als Berufsfischer waren einige der Freunde von Jesus wohl stärkeren Seegang gewöhnt. Aber auch sie wurden ängstlich, als die Wellen über Deck spülten und Wasser ins Boot lief. Während der Sturm tobte, waren sie sicher, dass ihr Ende nahte, und weckten Jesus auf, der mit ihnen über den See Genezareth segelte und schlief. Jesus sah ihre Angst, stand auf und befahl Wellen und Wind zu schweigen. Sofort wurde es ruhig und das Boot erreichte sicher das Ufer. Jesus handelte, schenkte Ruhe und machte den Jüngern auch noch Mut für die Zukunft, was ihre Angst betraf. Es tut gut zu wissen, dass Gott meine und unsere Angst sieht und sich auch darum kümmert!

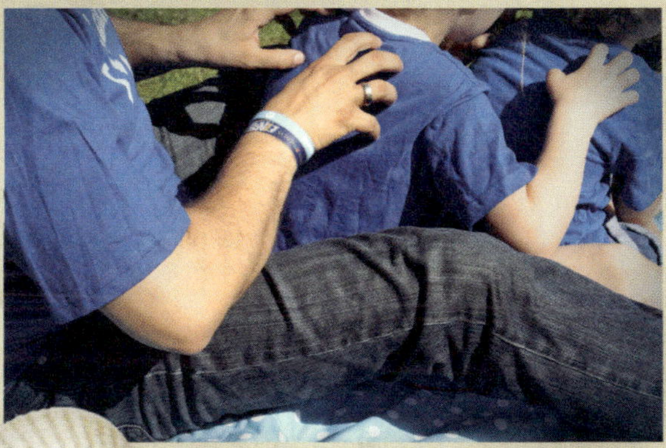

Für diese Geschichte setzten wir uns hintereinander in ein imaginäres Boot auf den Teppich. Ich saß hinten und während ich erzählte, ließen wir dem jeweils vor uns Sitzenden mit Klopfbewegungen Regen auf den Rücken prasseln. Mit zunehmendem Wellengang beugten wir uns immer weiter nach links und rechts und fielen um ein Haar aus dem Boot. Am Ende waren wir dankbar für Sturmstillung und Rettung.

Wir spielen gerne mit Schwungtüchern und lassen darauf Bälle oder Luftballons hüpfen. Vielleicht wollen Sie für diese Geschichte auch eine große blaue Tischdecke oder ein Bettlaken benutzen. Wir bastelten uns aus einer Camembertschachtel ein Boot mit Strohhalmmast und Käsefolienfahne, das wir mitten ins Tuch setzten. Wenn dann das Tuch an Zipfeln und Rändern auf und ab geschwungen wird, beginnt das Boot, von den Wellen hin- und hergeworfen zu werden. Wenn aber einer sagt: „Sturm still!“, dann wird das Tuch sofort glatt und ruhig gehalten.

Eine weitere Sturmsituation lässt sich mit einer Schüttelkugel gestalten. Rieselt darin typischerweise Schnee auf eine Winterlandschaft, gerät für unsere Zwecke ein Boot in regnerische Seenot. Statt Schnee wirbeln blau und türkis schillernde Pailletten durch die Kugel. Bei meinem ersten Versuch probierte ich es mit gewöhnlichem blauen Bastelglitter. Leider wirkte es damit wie ein lauer Frühlingswind, aber mit Pailletten regnet und stürmt es umso heftiger.

Für ein sportliches Wetterspiel laufen alle durch den Raum oder durch den Garten. Eine ausgewählte Person gibt den Stand des Wetters bekannt. Auf das Kommando stoppen alle und machen die folgenden Bewegungen. Bei Sonne: hinlegen und eine Hand über die Augen halten. Bei Regen: Arme als Schirm über sich halten. Bei Donner: Ohren zuhalten und hinhocken. Bei Blitz: unter dem Tisch als Haus Schutz suchen. Bei Wind: hin- und herwiegen und eine imaginäre Mütze auf dem Kopf festhalten. Bei Schnee: am ganzen Körper schlottern und sich mit den eigenen Armen umklammern.

Gönnen Sie sich im Alltagswirbel immer mal wieder einen Augenblick, in dem Sie in den Himmel gucken. Strahlt die Sonne oder tröpfelt es? Schneit es oder tobt bei Ihnen ein Sturm? Schauen Sie auch mit den Kindern ganz bewusst aus dem Fenster und basteln Sie gemeinsam eine Wetteruhr, deren Zeiger das aktuelle Wetter anzeigt.

Ein selbst gebastelter „Regenmacher“ eignet sich hervorragend, feinem Nieselregen zu lauschen, der in einen heftigeren Platzregen übergeht und schließlich hören lässt, wie es in einem Sturm nur so schüttet. Pappröhren von Haushaltspapier sind dafür zu kurz, zu breit und zu elastisch. Nach etwas Suchen und Experimentieren fanden wir die Lösung: Papprollen von Alufolie. Also wurde für jeden eine Rolle abgewickelt, und die Folie wurde zur Aufbewahrung neu auf eine Schachtel aufgerollt. So entstanden perfekte Regenmacherrohlinge – und dazu noch eine fette Alufolienwurst, die nun im Keller auf weitere Verwendung wartet. (Sollte bei Ihnen einmal ein Alufoliennotstand ausbrechen, melden Sie sich!) Wichtig ist, ausreichend viele und lange Nägel spiralförmig hineinzuklopfen, sonst saust der feine Kies, mit dem Sie den Regenmacher füllen, einfach mit einem Rutsch durch. Nun noch die Enden fest zukleben, die Röhre kreativ verzieren, und dann kann der Sturm kommen!

An besonders sonnigen Tagen besuchen wir einen Nachbarort. Dort kann man Tret- und Ruderboot fahren, und wir genießen dort jedes Mal ein Gefühl von Urlaub. Wenn Sie keinen See in der Nähe haben, falten Sie ein Papierboot, basteln Sie ein Rinden- oder Korkenschiff und lassen Sie es in der nächsten Wanne fahren. Per Pusten zieht ein großer Sturm auf.

Für das Unwetter und die Regenwolken probierten wir uns an Baisers mit blauer Lebensmittelfarbe. In die Eiweißmasse ließen wir Puderzucker rieseln und gaben ein paar Tropfen Farbe hinzu. Das Backergebnis war ziemlich klebrig und wir zogen doch die schneeweißen Bäckerbaisers vor. Vielleicht erinnern Sie sich auch bei Donauwellen oder Windbeutel daran, dass Gott mit in unserem „Boot“ sitzt – auch heute noch. Dass er jeden Sturm stillen kann und unsere Angst sieht, das schenkt uns innere Ruhe und etwas, das Sie gerne auch Frieden nennen dürfen!

Lukas 19,1–10

Zachäus

Gott möchte Zeit mit mir verbringen

Die Kinder hatten die Nachbarin mit ihrer Tochter spontan zu uns nach Hause eingeladen. War der Boden unter dem Tisch heute Vormittag auch schon so krümelig gewesen? Warum hatte ich die Bügelwäsche noch nicht aufgeräumt? Kinderbücher aus der Bibliothek stapelten sich auf dem Sofa. Und um ein Haar hätte ich es verpasst, mich über den Besuch zu freuen und die gemeinsame Zeit zu genießen. Meine Nachbarin lachte, erzählte von ihren Krümeln und Wäschekörben, und wir verbrachten ein paar herrliche Stunden.

Zachäus, dieser unbeliebte Zöllner, erhielt ebenfalls Spontanbesuch. Das hatte er sicher nicht geahnt, als er auf die Straße eilte, um Jesus zu sehen, der durch den Ort ziehen sollte. Vor lauter Menschen konnte er mit seiner kleinen Statur nichts sehen und kletterte auf einen Baum. Als Jesus kam, blieb der direkt vor diesem Baum stehen. Jesus sprach Zachäus mit Namen an, bat ihn, schnell herunterzuklettern, und kündigte seinen Besuch bei ihm zu Hause an. Der Zöllner folgte sofort überglücklich der Aufforderung und versprach, all das ergaunerte Geld zurückzuzahlen und seinen halben Besitz den Armen zu geben.

Ich finde es erstaunlich, dass Gott auch immer wieder Zeit mit mir und uns verbringen möchte, ganz unabhängig davon, wie es in meinem und unserem Leben gerade aussehen mag. Ich möchte lernen, dafür auch im trubeligen Alltag offen zu sein!

Um zu erzählen, wie Zachäus von Jesus angesprochen wurde, kletterte ich auf eine kleine Leiter. Die Kinder waren von dieser ungewohnten „Hörperspektive" begeistert und wollten natürlich ebenfalls die Leiter hoch- und runterklettern.

Erst kürzlich las ich in unserer Zeitung: Kinder müssen öfter auf Bäume klettern dürfen! Diese Geschichte ist doch der perfekte Ausgangspunkt dafür. Wenn Sie im Garten keinen geeigneten Kletterbaum haben, findet sich vielleicht einer auf den umliegenden Spielplätzen. Mir rutscht beim Zugucken immer das Herz in die Hose, aber genau darum geht es ja beim Kletterndürfen: sich selber etwas zutrauen und erleben, dass auch andere einem etwas zutrauen.

Bei unserer Bastelei wurde ein Handumriss mit Arm zum Baum, den Zachäus an einem Papierstreifen rauf- und runterkletterte. (Dafür einen Schnitt ins Hintergrundblatt machen, durch den der Papierstreifen geschoben wird.)

Als meine erste Tochter noch im Kinderwagen liegend durch die Welt geschoben wurde, war ihr das oft langweilig: Sie wollte nicht nur den Himmel sehen. So kannte ich alle Routen zum Einkaufen, auf denen ich möglichst viel unter Bäumen ging. Sie liebte es auch, auf einer Decke zu liegen und Äste und Blätter zu beobachten, die sich im Wind bewegten. (Nur wehe, es herrschte Flaute!) Ich erklärte ihr damals alle Baumsorten, die ich an Rinde und Blättern erkennen konnte.

Um diese Erklärungen etwas aufzufrischen, legten wir uns ein Baumerkennungsbuch an. Hier werden Bäume und etwaige Früchte abgemalt, Rinde durchgepaust und getrocknete Blätter oder Nadeln eingeklebt.

Zachäus versprach, das ergaunerte Geld zurückzugeben, und wollte sich für die Armen einsetzen. Wir bastelten Spardosen, in denen wir unser Geld sammeln, das wir mit anderen Menschen teilen wollen. Der weiche Plastikdeckel von Erdnussdosen lässt sich leicht als Münzöffnung einschneiden und zum Münzenzählen abnehmen.

Einladung

Für Zachäus kam der Besuch von Jesus äußerst überraschend. Wir bastelten Überraschungseinladungskarten und luden zu einem spontanen Grillabend ein. Wer in Ihrem Umfeld könnte sich über so ein Überraschungsfestessen freuen?

Auf jeden Fall gibt es Baumkuchenspitzen für die Großen und Joghurt mit Schokoblättern als Nachtisch für die Kleinen. Feiern Sie mit Familie und Freunden und freuen Sie sich daran, dass Gott sich auch an Ihrer Gesellschaft freut, Ihr Berater sein und Zeit mit Ihnen verbringen möchte!

EIN AUSLÄNDER HILFT

Lukas 10,29–37

Gott liebt uns Menschen grenzenlos

Mein Mann kannte als Kind das Gefühl gut, Ausländer zu sein. Wenn er mit seiner Familie verreiste, war er in Spanien der Italiener, in Italien der Spanier und in Deutschland ohnehin der Fremde. Er erfuhr es, ausgegrenzt und von anderen Kindern verjagt zu werden. Heute fühlt er sich dafür schnell in einer neuen Umgebung zu Hause, spricht verschiedene Sprachen fließend und ist besonders darauf bedacht, unseren Töchtern ein grenzenlos offenes Herz zu vermitteln.
Von so einem offenen Herzen erzählte Jesus, als er gefragt wurde, wer denn der Nächste sei, dem Nächstenliebe gilt. Jesus veranschaulichte seine Antwort durch die Geschichte eines Mannes, der sich auf den einsamen Weg zwischen Jerusalem und Jericho machte. Der Mann wurde ausgeraubt und verletzt zurückgelassen. Ein Priester und ein Tempeldiener kamen vorbei. Aber beide halfen nicht. Als sich dem Verletzten ein Samariter näherte, hoffte er schon nicht mehr auf Hilfe, da er in dem Samariter einen Ausländer erkannte. Zwischen den Völkern der beiden Männer gab es immer wieder Streit, da die einen auf die angeblich nicht richtigglaubenden anderen herabschauten. Zur Überraschung des Verletzten blieb der Ausländer aber stehen, versorgte die Wunden und transportierte ihn auf seinem Esel zur nächsten Herberge, bezahlte dort für Unterkunft und Verpflegung und versprach, wieder nach ihm zu sehen. Was für eine grenzenlose Hilfsbereitschaft!

Auch in meinem Umgang mit anderen Menschen möchte ich Gottes grenzenlose Liebe sichtbar werden lassen.

Man könnte meinen, wir hätten bereits genug Steckentiere in unserem Haushalt. Aber eins musste unbedingt noch dazu: ein Steckenesel aus grauer Rohrverkleidung! Unsere Oma kaufte diese Schaumstoffstangen in großer Menge, um Kanten im Haus kindersicher zu machen. Die Mädels hüpften schon auf und ab und wollten losreiten, als ich lediglich den oberen Teil der Verkleidung zum Kopf umgebogen und festgebunden hatte. Unser Esel bekam noch Nasenlöcher, Wackelaugen und eine Fleecemähne. Dann wurde darauf durchs Zimmer geritten.

Wie gut, dass der freundliche Helfer in der Bibel auch Wunden versorgen konnte. Wie wäre es mit einem Erste-Hilfe-Kurs für kleine Helfer? Ansonsten kann auch in einer Teddyklinik mit Pflastern und Verbänden geübt werden. Unsere Töchter finden alles rund um Verbände und Arztkoffer äußerst spannend, und so holten wir die Erste-Hilfe-Tasche aus dem Auto und untersuchten ganz genau, was darin alles enthalten ist.

Auf der Strecke von Jerusalem nach Jericho waren ungefähr 25 Kilometer Sand- und Geröllwüste zu bewältigen. Der Samariter stellte deshalb dem Verletzten seinen Esel zur Verfügung und ging selber zu Fuß. Wir fertigten zur Erinnerung Eselgesichter aus unseren Fußabdrücken.

Ein paar Kilometer von unserem Wohnort entfernt steht ein Hofgut, auf dem sich alles um Esel dreht.

Hier werden Esel beobachtet und gestreichelt und man kann Eselkleinigkeiten kaufen wie Eselradiergummis, Eselservietten und Backwaren mit dem Namen Eselsohren. Gibt es bei Ihnen in der Nähe vielleicht auch einen Ort, um sich näher mit diesen Tieren beschäftigen zu können?

Der barmherzige Samariter hatte ein großes Herz. Backen Sie mit Ihren Kindern Waffeln und zerteilen Sie diese in die einzelnen Herzen. Jeder kann sein Waffelherz ganz nach Geschmack abrunden: mit Sahne, Kirschen, Marmelade, Apfelmus, Nusscreme, Puderzucker ...

Hier das Rezept für Beste-Buttermilch-Waffeln, die ich auf einem Weltkindertag kennenlernte: 125 Gramm Butter mit 50 Gramm Zucker, einem Päckchen Vanillezucker, einer Prise Salz und 4 Eiern schaumig schlagen. Anschließend mit 250 Gramm Mehl, einem Teelöffel Backpulver und 250 Milliliter Buttermilch verrühren und im Waffeleisen ausbacken.

Vielleicht laden Sie zu diesem Festmahl ein Kind aus der Nachbarschaft ein, das immer ein bisschen ausgegrenzt ist. Pusten Sie Herzluftballons auf und feiern Sie, dass wir für andere da sein können und Gott uns Menschen grenzenlos liebt!

DAS HAUS AUF FELS

Matthäus 7,24–27 oder Lukas 6,47–49

Gott gibt mir festen Halt

Während meine Töchter in unserem Garten ein entzückendes Spielhäuschen stehen haben, glich der Garten meiner Kindheit einer Dauerbaustelle. Mein Bruder wollte eine Hütte, und die wurde von uns Kindern damals im Alleingang gezimmert. Stück für Stück bekam er Baureste von umliegenden Baustellen geschenkt und hortete sie in der Hütte für die nächste Erweiterung. Die Hütte hatte nur einen Haken: Wenn es stark stürmte, kippte sie um. Unser Vater musste dann (und das passierte vor allem nachts und bei strömendem Regen) durch den Garten eilen und sämtliches herumfliegendes Material einsammeln.

Jesus erzählte die Geschichte von zwei Häuslebauern: Der eine grub für sein Fundament tief in die Erde und baute sein Haus auf Fels. Der andere baute ohne Fundament auf Sand. Als ein Sturm kam, blieb das Haus auf Fels fest stehen, während das auf Sand gebaute zusammenfiel. Jesus verglich den Mann, der auf Fels baute, mit demjenigen, der Gottes Wort hört und tut. Wenn mir im Alltag so einiges um die Ohren fliegt, wünsche ich mir die Gewissheit, dass Gott festen Halt gibt. Diese Gewissheit möchte ich gerne auch den Kindern mit auf den Weg geben.

Sobald meine Töchter einen Felsen sehen, muss der erklettert werden. Da spielt es dann keine Rolle, ob in Jeans und Turnschuhen oder in Rock und Strumpfhose. Vielleicht würde es mir selber ganz gut tun, auch mal wieder auf einen Felsen zu klettern, mich oben neben die Kinder zu setzen, über den Erfolg zu strahlen und dabei daran erinnert zu werden, dass Gott auch mir festen Halt gibt. Und wenn ich unsicher bin, dann darf ich mit Gott darüber sprechen, wo ich seinen Halt vermisse oder dringend bräuchte.

Bauen Sie! Bauen Sie im Wald mit Ästen, im Elternbett mit Decken und Kissen, im Garten mit Gartenstühlen, Sitzauflagen und Tischdecken. Unsere Oma hat für solche Budenbauarbeiten extra Schnüre kreuz und quer durch ihr Gästezimmer gespannt. Daran dürfen die Kinder nach Herzenslust Tücher und Spitzenstoffe als Trennwände aufhängen. Seit Neuestem können sie in Omas Garten auch ein Indianertipi aufstellen.

Sie bevorzugen eher kleinere Häuservarianten? Bauen Sie Kartenhäuser aus Getränkeuntersetzern. Wer baut das höchste Haus? Wer baut am schnellsten ein Haus aus einer bestimmten Anzahl an Untersetzern? Bauen Sie gemeinsam, jeder fügt einen Untersetzer hinzu. Derjenige, bei dem das Haus zusammenfällt, bekommt einen Trostpreis. Stapeln Sie mal wieder Bauklötze oder Stecksteine.

Wir spielten die Geschichte nach, kneteten kleine Häuser, setzten sie auf Sandberge im Sandkasten und auf Steine, begossen alles ausgiebig mit der Gießkanne und beobachteten, was passierte.

Gehören Sie ebenfalls zu den Familien, die sich auf endlosen Spaziergängen mit den Kindern von Baustelle zu Baustelle hangelten? Ich kann Ihnen genau sagen, wo in der Nachbarschaft ausgeschachtet, ausgegossen und angefangen wurde, die Wände hochzuziehen! Wir kannten Richtfestfeiernde und wurden zum Festakt eingeladen. Vielleicht starte ich eine Baustellendokumentation mit den Kindern, die wir später den Bewohnern als Willkommensgruß überreichen.

Einer unserer Kindergeburtstage war ein Baustellenfest. Wir trugen Warnwesten und Helme, es gab Spiele zum Hämmern und Bohren, das Essen wurde in Spielzeuglastwagen angekarrt und der Tisch war mit Absperrband dekoriert. Der Geburtstagskuchen hatte außerdem die Form eines Bauhelms und aus einem Blechkuchen stach ich Häuser aus, die anschließend verziert wurden.

Leckere Bauwerke ganz ohne Backen kann man dank „Fertigbaukästen" auch einfach in Form von Lebkuchenhäusern zimmern. Ich habe übrigens nach vielen Jahren, in denen jeglicher Süßkram von den schrägen Dächern ständig ins Rutschen kam, endlich das Geheimnis der wahren Zuckergussmischung gefunden! Eine Packung Puderzucker wird nicht mit Wasser oder Zitronensaft angerührt, sondern mit zwei Eiweiß. Das ergibt eine perfekt klebrige Masse, die alle Gedanken an Sekundenkleber vergessen lässt.

Freuen Sie sich an süßen Häusern und feiern Sie, dass Gott Ihnen festen Halt gibt!

Der verlorene SOHN

Lukas 15,11–32

Gott wartet mit offenen Armen auf mich

Jesus erzählte die Geschichte von einem jungen Mann, der von zu Hause ausziehen wollte und dafür seinen Erbteil vom Vater einforderte. Allerdings war dieser kleine Reichtum bald aufgebraucht. Der junge Mann endete ohne Freunde und Feiereien als Schweinehirte und hätte vor Hunger fast das Futter der Schweine gegessen. Es sah ausweglos für ihn aus, bis er sich dazu entschied, zu seinem Vater zurückzukehren.

Haben Sie schon mal einen Schweinestall besucht? Meine Freundin machte uns das möglich, und so watete ich mit Turnschuhen (ich empfehle für solche Ausflüge Gummistiefel!) durch den Mistgang des Schweinestalls ihrer Oma. Die erste Frage meiner Zweijährigen: „Was riecht so?“ Ich kann mir gut vorstellen, wie sehr der verlorene Sohn durch seine Arbeit nach Schweinen stank. Sein Vater erwartete ihn zu Hause aber sehnlichst, rannte ihm mit offenen Armen entgegen und umarmte ihn. Jesus sagte, dass Gott genau so ein Vater ist, der auf uns Menschen mit offener Tür und offenen Armen wartet. Diesen Vater, diesen Gott möchte ich meinen Töchtern vorstellen!

Für kleine Kinder ist der Wunsch nach Trennung von den Eltern schwer nachzuvollziehen und auch das Thema „Erbe auszahlen" ist recht abstrakt. Ich erzählte diese Geschichte deshalb aus Sicht eines Schweins, das sich darüber beschwert, dass der Schweinehirte ihm das Futter wegessen will. Wenn zu Ihrem Fundus keine Schweinehandpuppe zählt, basteln Sie eine aus einer dieser Einzelsocken ... Oder schlüpfen Sie mit den Kindern in die Rolle, nachdem kleine rosa Fruchtjoghurtbecher für Schweinerüssel geleert wurden.

Für den Alltag bastelten wir uns Moosgummi-Schlüsselanhänger in Schweineform, damit wir immer wieder an die offenen Arme und die offene Tür des wartenden Vaters denken.

WILLKOMMEN

Um diese Gewissheit zu vertiefen, wurden außerdem Willkommensschilder gestaltet. Wenn Sie Tafelfolie benutzen, kann der Name auf dem Schild immer wieder neu geschrieben werden. Aber natürlich haben auch einmalige Willkommensschilder einen großen Wert. Als ich ein Kind war, malte ich oft Willkommensschilder, weil mein Vater beruflich viel unterwegs war. Er sammelte diese Bilder und klebte sie an den Kleiderschrank, der bald voll war von erwartungsvollen Begrüßungen.

Vielleicht möchten Sie auch eine Fußmatte als Willkommensgruß vor der Haustür gestalten? Da für uns in der Geschichte Kartoffeln als Schweinefutter eine Rolle spielten, entschieden wir uns für Kartoffeldruck in Herzform.

Dafür halbierten wir eine Kartoffel und drückten einen metallenen Plätzchenausstecher in Herzform hinein. Während die Form feststeckte, entfernte ich mit dem Messer rings herum das überschüssige Fruchtfleisch. Achten Sie beim Aufschneiden der Kartoffel auf eine ganz ebene Schnittfläche, damit die Farbe gleichmäßig aufgetragen werden kann.

KARTOFFEL-WOCHE

Was halten Sie von einer Kartoffelwoche, um die Geschichte kulinarisch zu vertiefen? Kartoffelpuffer, Kartoffelknödel, Gnocchi, Chips, Pommes (mmh, Pommes ... wir haben selber geschnippelt), Kartoffelsuppe, Kartoffelbrei, Kartoffelsalat, Ofenkartoffeln, Pellkartoffeln, Bratkartoffeln oder Kartoffelgratin ... Ihnen fallen sicher noch mehr Kartoffelrezepte ein. Am besten lassen Sie sich dabei von Ihren Kindern beraten! Wem die meisten Kartoffelgerichte einfallen, der bestimmt, was zuerst gekocht wird.

Zu einer Schweinsöhrchen-Picknicktafel (unser fertig gekaufter Blätterteigsnack) gesellte sich ein Pappmachéschwein. Wenn Sie noch backfreudig sind, machen Sie doch Butterteigplätzchen in Schweineförmchen, die mit rosa Zuckerguss verziert werden.

Natürlich darf zu dieser Geschichte das große Willkommensfestessen nicht fehlen! Basteln Sie einander Ringe, wie auch der Sohn in der Geschichte einen bekommen hat. Oder es gibt ein neues Kleidungsstück als Geschenk, selbst genäht oder mit Stoffmalfarben bemalt. Gestalten Sie persönliche Namenstischkarten, die daran erinnern: Gott wartet auf uns, seine Arme und Türen sind offen und er bereitet ein Freudenfestessen für uns vor!

Lukas 15,1–

DAS VERLORENE SCHAF

Gott kennt und trägt mich

Wenn wir mit den Kindern Oma und Opa besuchen, dann verbringen wir meistens einen herrlichen Tag mit Vorlesen, Wasserfarbenklecksen, In-der-Werkstatt-Hämmern, Auf-dem-Acker-Buddeln, mit Gesellschaftsspielen, Feuermachen, gemeinsamem Puddingkochen, Eis-aus-dem-Keller-Holen oder Hefeteigbrötchenkneten. Wenn es dann an den Heimweg geht, beschallen wir oft die gesamte Nachbarschaft mit großer Empörung. Immer wieder müssen wir diese auch einbeziehen, wenn es darum geht, die versteckten Kinder zu finden, die auf keinen Fall nach Hause wollen. Bisher haben wir einen einzigen Weg gefunden, dieses Theater zu umgehen: wenn der Opa seine Enkelinnen als „kleine Schafe“ bezeichnet, sie sich über die Schultern legt und nacheinander bis in ihre Kindersitze im Auto trägt.

Was für eine Geduld brachte der Schafhirte in dieser Bibelgeschichte auf, die Jesus als Beispiel erzählte, um Gottes Charakter zu veranschaulichen! Ich bin beeindruckt von einem Gott, der in einer gesamten „Schafherde“ mich persönlich kennt und vermisst, wenn ich fehle.

Ich möchte mit meinen Kindern diesen Gott näher kennenlernen, der uns nachgeht, uns sucht und schließlich auf seinen Schultern nach Hause trägt!

Im Baumarkt entdeckte ich zwischen der angebotenen Arbeitskleidung eine braune Cordweste, die innen mit einem schafähnlichen Fell gefüttert war. Natürlich konnte ich nicht widerstehen, und die Weste wurde zum kostengünstigen Hirtenkostüm in unserer Verkleidungskiste, mit dem sich diese Geschichte prima erzählen lässt.

Der Hirte musste erst einmal eine ganze Weile suchen, bis er das verlorene Schaf wiedergefunden hatte. Es ist kaum zu glauben, wie viele Stoffschafe man im Besitz einer vierköpfigen Familie entdeckt, wenn man richtig anfängt zu suchen! Wie wäre es, ein kleines Schäfchen im Haus oder Garten oder in einem begrenzten Park oder Waldstück zu verstecken und die Kinder auf die Suche zu schicken? Vielleicht hat das Schaf auch eine Spur mit verschiedenen Hinweisen hinterlassen und am Ende der Suche warten schon selbst gebackene Schafkekse.
Wenn die Suche ein wenig kleiner ausfallen soll, dann gestalten Sie doch mit den Kindern Suchbilder und rätseln Sie, wo das Schaf darauf wohl zu finden ist.

Ist es nicht beeindruckend, dass der Hirte sein verlorenes Schaf den gesamten Heimweg über auf den Schultern getragen hat? Über Stöcke, Steine, Felsspalten, Hügel oder durch Täler - und dabei kann so ein Schaf ganz schön was wiegen. Die Kinder können das praktisch nachempfinden: Denken Sie sich einen Hindernisparcours im Freien aus, den jedes Kind mit einem Stoffschaf auf dem Rücken zu bestreiten hat. (Wenn Sie gerade kein Schaf zur Verfügung haben, dann können Sie auch Hunde, Tiger oder Elefanten über die Schultern legen.) Hier sind natürlich verschiedene Varianten möglich, ob auf Zeit, für besondere Geschicklichkeit, in kreativer Schäferverkleidung oder mit verbundenen Augen - denn vielleicht hat die Suche ja nachts stattgefunden.

Für uns ist es immer wieder ein großes Ereignis, wenn auf einer der Wiesen in der Umgebung eine Schafherde angekommen ist und die Zäune aufgestellt wurden. Planen Sie einen kleinen Ausflug mit Schafbeobachtung und -zeichnung!

Unsere Schafplätzchenausstecher formen aus Toastbrot leckere Schafe, die mit Nussmus bestrichen und winzigen Marshmallows belegt auch noch ein weiches Fell bekommen.

Außerdem entstanden mit den Ausstechern einige Butterplätzchenschafe, mit der befreundeten Backoma wurden Hefeschafe mit einem Streuselteigfell geknetet und ich versuchte mich an dreidimensionaler Lammbäckerei in einer speziellen Form. In der Osterzeit bekommen Sie solche mit Puderzucker bestäubten Schäfchen übrigens ganz praktisch beim Bäcker.

Für welche Variante Sie sich auch entscheiden, seien Sie sich beim Essen gewiss, dass Gott auch Sie genau kennt, sofort merkt, wenn Sie fehlen, dass er auch Sie sucht und trägt und vor Freude feiert, wenn er Sie gefunden hat!

DIE VERLORENE MÜNZE

Lukas 15,8–10

Gott sucht mich

Es war einer dieser Mama-Momente. Ich stand im Supermarkt an der Kasse, die Artikel aus dem vollen Einkaufswagen waren alle schon eingescannt, mit einer Hand hielt ich das Kleinkind bei Laune und mit der anderen angelte ich nach meinem Geldbeutel. Der fühlte sich allerdings erschreckend dünn an. Als ich ihn öffnete, war klar, warum: Meine Tochter (damals noch recht klein) hatte sämtliche Karten und Münzen ausgeräumt. Die steckten jetzt wohl zu Hause in den Sofaritzen, und ich hatte in meiner Übermüdung einen leeren Geldbeutel eingepackt.

Einen ähnlichen Schreck mag die Frau in der biblischen Erzählung bekommen haben, als sie feststellte, dass eine ihrer zehn Münzen fehlte. Sie zündete eine Lampe an, putzte auf ihrer Suche das gesamte Haus und gab nicht auf, bis sie ihre Münze wiedergefunden hatte. Um ihre Freude zu teilen, rief sie ihre Freundinnen und Nachbarinnen und berichtete von ihrem Fund.

Jesus erzählte, dass diese grenzenlose Freude vergleichbar ist mit der Freude, die im Himmel herrscht, wenn sich ein Mensch Gott zuwendet. Ich finde es absolut bemerkenswert, wie die Geschichte zum Ausdruck bringt, dass jeder Mensch für Gott unheimlich wertvoll ist!

Zum Erzählen dieser Geschichte besorgte ich zwei Hände voll Schokotaler, die gestapelt und dann gezählt wurden. Da Zahlen und Rechnen eine große Faszination ausüben, wurde überall und immer gezählt und gerechnet. Ich hoffe, dass diese Begeisterung sich in der Schule tapfer halten wird ... Wir entdeckten Hausnummern, Geschwindigkeitsbegrenzungen, Telefonnummern und Nummernschilder. Wir hüpften Zahlen und rollten Murmeln. Wir zählten Würfelpunkte, Bauklötze und Legosteine, Gabelzinken und Schmetterlingsnudeln. Wir sortierten Moosgummizahlen und Stifte. Sie verstehen schon - wir machten uns auf Zahlensuche im Alltag.

Für ein großes Talerwühlen wird zusätzlich zu den Schokomünzen ein Umzugskarton mit jeder Menge Füllmaterial wie Styroporchips benötigt. (Die erhalten Sie in großen Bürobedarfsmärkten, oder Sie nehmen einfach geschredderte Papierstreifen. Haben Sie vielleicht auch noch Linsen vom Jakob-und-Esau-Kapitel übrig?) Füllmaterial und Taler werden gut gemischt, die Kinder dürfen sich die Ärmel hochkrempeln und ordentlich wühlen. Je nach Alter bekommen sie nur eine begrenzte Anzahl an Sekunden, in denen reihum nach den Goldtalern gekramt werden darf. Am Ende wird natürlich gezählt, wer die meisten Taler hat und ob auch alle gefunden wurden.

Meine Töchter kämen zwar nicht mehr auf die Idee, mein Geld im Sofa zu verstecken, aber eine gewisse Anziehungskraft übt mein Geldbeutel doch noch aus. Also untersuchten wir die Münzen darin und rubbelten mit einem weichen Bleistift über ein dünnes Papier, unter das wir verschiedene Geldstücke geschoben hatten. Wir bestaunten die verschiedenen Scheine mit ihren Bildern und erfanden für unseren Kaufladen eine eigene Währung, auf deren Scheinen die Gesichter der Kinder zu sehen sind.

Außerdem bastelten wir aus braunen Papiertüten Geldbeutel, um Münzen unterwegs sicher verstauen zu können. Die Tütchen werden für die einzelnen Fächer eingefaltet und mit doppelseitigen Klebestreifen befestigt. Buntes Klebeband gibt der Geldbörse ein ganz persönliches Aussehen.

Wir spielten ein Singspiel, bei dem ein Taler von Hand zu Hand wandert. Am besten wird dafür übrigens ein besonders kleines Geldstück benutzt, da unentdeckt bleiben soll, in welcher Hand sich der Taler befindet.

Die Frau in der Geschichte musste ihre große Freude unbedingt mit ihren Bekannten und Freunden teilen. Mit wem könnten Sie die Tatsache feiern, dass Gott uns Menschen sucht? Natürlich dürfen dabei Schokoladengoldtaler nicht fehlen. Aus runden Amerikanern vom Bäcker werden mit etwas Lebensmittelgoldstaub richtig große Goldtalerkuchen, die Sie schnell hergestellt haben und vor dem Verzehr sogar noch im Haus verstecken können. Lassen Sie es sich schmecken und jubeln Sie darüber, dass auch Sie Gott so wichtig sind, dass er stets auf der Suche nach Ihnen ist!

SORGLOS wie Vögel und Blumen

Matthäus 6,25–33

Gott weiß, was ich brauche

Wer mich kennt, weiß, dass es einen Satz gibt, der mich garantiert auf die Palme bringt. Sie müssen nur mit beschwichtigender Stimme sagen: „Bleib mal ruhig, das wird schon!" Oder auch die Variation: „Bleib mal locker!" Wenn Sie mir also gut zureden wollen, dann sollten Sie ganz genau überblicken, welche Herausforderungen ich gerade vor mir habe und wie ich sie lösen kann.

Wie ich dann mit der Aufforderung Gottes umgehe, mir keine Sorgen zu machen? Ich denke, wenn einer weiß, welche Herausforderungen auf mich zukommen und wie sie zu lösen sind, dann ist es Gott! Es fällt mir wahrlich nicht leicht, aber ich möchte mich dazu einladen lassen, mir ein Beispiel an den Blumen auf dem Feld und den Vögeln am Himmel zu nehmen. Sie sorgen sich nicht um Essen, Trinken oder hübsche „Kleidung". Denn schließlich weiß Gott genau, was sie brauchen, und versorgt sie damit.

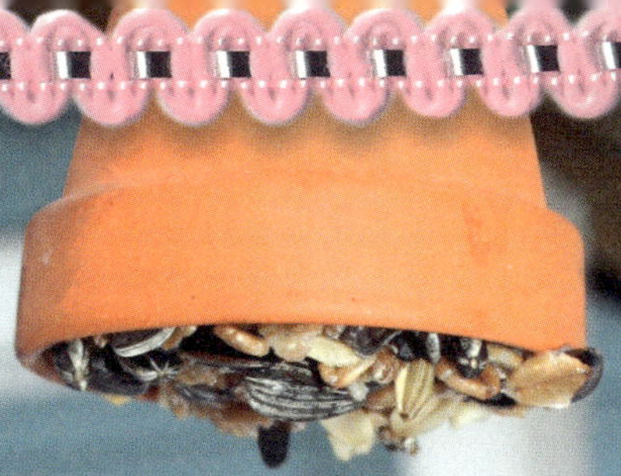

Zu dieser biblischen Geschichte mischten wir verschiedene Sorten Vogelfutter und rührten erwärmtes, geschmolzenes Pflanzenfett unter. Es war eine recht krümelige und klecksige Angelegenheit, aber wir hatten den größten Spaß, das Futter in Tontöpfchen und Ausstechformen zu füllen. Die Oma war entsetzt ... Ich gebe ihr recht: Man hätte auch fertige Meisenknödel kaufen können. Aber das hätte nicht halb so viel Spaß gemacht, und außerdem wüssten wir jetzt nicht, was im Futter alles drinsteckt und dass man das Fett am besten nicht zu flüssig in die Förmchen füllt, weil sonst alles unten wieder raussuppt.

Gerne erinnere ich mich an einen Besuch als Kind in einem Vogelpark, den ich hauptsächlich in der Hocke oder gebückt verbrachte, um die schönsten Federn aufzusammeln. Wir lieben Federklebebilder! Wo könnten Sie nach hübschen Federn suchen? (Auf alle Fälle werden Sie im Bastelmarkt fündig.)

Für Omas Fichte bemalten wir Vogelhäuschen und freuten uns riesig, als in einem Nistkasten, den wir schon letztes Jahr gezimmert hatten, eine kleine Vogelfamilie einzog. Wir feierten das mit weißen Schokoküssen, die wir mit Lebensmittelstiftbemalung in Vogelkäfige verwandelt hatten.

Ich besaß als Mädchen eine Blumenpresse, die mein Vater gebaut hatte, und war begeisterte Blumensammlerin und -presserin. Wenn Sie noch keine Blütenpresse zu Hause haben, fertigen Sie sich doch eine aus Holzplatten und langen Schrauben mit Muttern an. Oder trocknen Sie Blätter und Blüten zwischen Haushaltspapier in dicken Büchern. Damit lassen sich anschließend wunderschöne Bilder und Collagen kleben.

Über Blumen in ihrer Vielfalt und Schönheit erstellten wir meterlange Klebeband-„Filme“. Dazu brauchen Sie lediglich Blumenprospekte von Gartenmärkten und transparentes Klebeband. (Das Prospektpapier darf allerdings nicht hochglanzbeschichtet sein.) Das Klebeband ein Stückchen abrollen, fest auf das gewünschte Blumenmotiv drücken, abziehen. Dann das Band etwas weiter abrollen, um das nächste Motiv anzukleben. Am Ende noch einen Titel auf weißes Papier schreiben, auch überkleben und abziehen, danach den Klebeband-Film abschneiden, aufrollen und sich gegenseitig vorführen.

In Omas Garten konnten die Mädels ein eigenes Beet anlegen. Bis alle bunten Blüten aufgingen, staunten sie über die Farbenpracht im nahe gelegenen Blumenfeld zum Selberschneiden. So ein Feld ist auch ein prima Ausflugsziel. Vielleicht mit einem Picknickkorb voller Zuckergussblütenmuffins?

Als Erinnerung daran, dass die Blumen und auch wir immer mit den schönsten Kleidern versorgt sind, beklebten wir Kleiderbügel und nähten gemeinsam Pullover mit Vogel- und Blütenapplikationen. Die können Sie auch einfach auf vorhandene Kleidung aufbügeln.

Damit auch andere Menschen die Erfahrung machen, sich um Kleidung nicht sorgen zu müssen, durchforsteten wir unsere Schränke und packten Kartons mit Kleiderspenden. Wie gut zu wissen, dass wir anderen Menschen etwas Gutes tun und uns auch um Vögel und Blumen kümmern können, aber letztlich Gott derjenige ist, der weiß, was wir brauchen, und sich um alles sorgt!

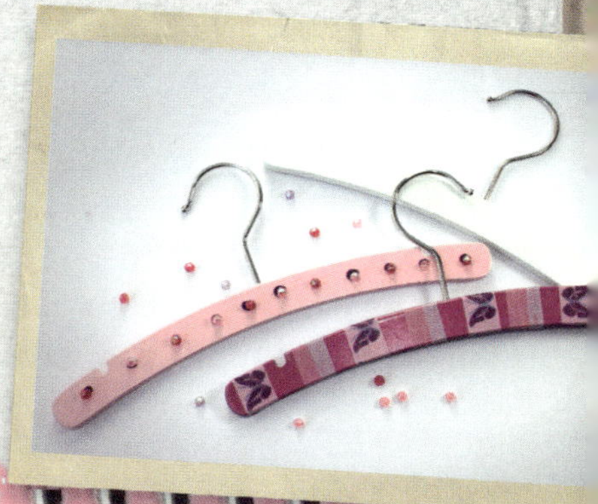

Ich-bin-Worte von Jesus

Gott stellt sich mir durch Jesus vor

Unsere Tochter war drei, als jeder Bildergeschenke von ihr bekam. Mein Mann eines mit charakteristischer Frisur und einem Topf Nudeln. Den Opa malte sie mit Computer und die Oma am Backofen. Sich selber malte sie als große Reiterin. Wie würden Sie sich selber malen? Probieren Sie es doch einmal aus! Wer sind Sie?

Jesus beantwortete diese Frage in der Bibel mit verschiedenen Bildern. Er sprach von sich als Weinstock, er sagte, dass er das Licht der Welt und das Brot ist, er bezeichnete sich als Tür. Jesus sagte außerdem, dass die Menschen durch ihn erkennen können, wie Gott ist. Wenn wir also die Bilder für Jesus kennenlernen, dann lernen wir damit auch Gott näher kennen. Und das wünsche ich meiner Familie und auch Ihrer!

Johannes 15,5

Jesus sagte, dass er der Weinstock ist und wir die Reben sind. Um dieses Bild zu begreifen, machten wir eine Wanderung durch traumhaft schöne Weinberge. Vielleicht können Sie auch einmal bei einer Weinlese dabei sein, einen Winzer besuchen oder beim Pressen zuschauen? Wir stellten eigenen Traubensaft in einer Saftpresse her. Außerdem bastelten wir uns ein Traubenkostüm mit Blätterkrone. Mit Luftpolsterfolie und Wasserfarben lassen sich übrigens ganz einfach Träubchen auf Papier stempeln. Schließlich feierten wir bei Hefezopf mit Traubenverzierung, dass Jesus der Weinstock ist und wir zu ihm gehören.

Johannes 8,12

Jesus als Licht konnten wir uns gut vorstellen, als wir vom Dachboden aus den Sonnenaufgang bestaunten. Ein leuchtendes Symbol sind auch Papierlampions, die einfach rundherum eingeschnitten werden und dank elektrischer Teelichter schimmerndes Licht spenden. Experimentieren Sie und basteln Sie einen kleinen Karton, in den eine Bohne gepflanzt wird, die zu dem einzigen Fensterchen im Karton rankt.

Legen Sie sich in die Sonne und spüren Sie, wie das kräftige Licht nicht nur Pflanzen guttut und ihnen Kraft schenkt, sondern auch uns Menschen!

Johannes 6,35

Jesus bezeichnete sich als Brot des Lebens. In Deutschland soll es mehr als 300 Brotsorten geben. Futtern Sie sich doch mal durch die Sorten bei Ihrem Bäcker!

Vielleicht backen Sie auch Topfbrot oder grillen Stockbrot über würzig räucherndem Lagerfeuer. Nach einer Weile wird der Hefeteig vom Stock gelöst, und das dadurch entstandene Loch kann mit einem Schokoriegel oder Würstchen gefüllt werden.

Die Oma unserer Freunde lädt uns immer wieder ein, ihre Backstube mit Holzofen zu nutzen. Wenn wir kommen, sind immer schon etliche Teige vorbereitet, für die Kinder wurde aus Getränkekisten, einem breiten Brett und einer Wachstischdecke eine Arbeitsfläche in eigener Höhe gebaut, und alle können kneten, flechten, verzieren und probieren.

Wenn ich mal alt bin, werde ich auch Backoma und bin die lächelnde Ruhe, wenn sich Mehl, Körner, Teig, Eier, Äpfel, gefrorene Pflaumen, Tomatensoße und jede Menge Krümel in meiner Backküche verteilen ... Aber bis dahin bleibe ich eine dankbar bewundernde Besucherin!

Ohne Backoma in der Nähe könnten Sie in Ihrer Bäckerei vor Ort nachfragen, ob eine Besichtigung möglich wäre, und dort über Brot in all seiner Vielfalt und das Versprechen von Jesus staunen.

Johannes 10,9

Jesus sagte über sich, dass er die Tür ist, durch die wir zu Gott kommen. Die Mädels und ich entdecken und fotografieren besonders im Urlaub gerne Türen. Für eine Kreativaktion zu Hause bietet sich eine Türschildbastelei für die Haus- oder Kinderzimmertüre an.

Neulich drückte meine Nachbarin mir Babyfon und Hausschlüssel mit der Bitte in die Hand, spontan auf ihr schlafendes Baby aufzupassen. Was für ein Schreck, als ich durch das Gerät hörte, dass das Kind wach war, und feststellte, dass der Schlüssel nicht passte! Ich war schweißgebadet bereit, die Polizei zu rufen, die Tür aufzubrechen oder durchs Fenster einzusteigen, aber da bogen schon die Eltern um die Ecke, sperrten auf und nahmen ihr vergnügtes Kind in den Arm. Jesus sagte nicht, dass wir nach einem passenden Schlüssel suchen oder Hebel in Bewegung setzen müssen, um zu Gott zu kommen – er selbst ist die Tür!

Ein Baum ohne Früchte

Gott hat Geduld mit mir

Wir waren gerade neu in unser Haus gezogen, als die Kinder mit Vogelfutterstationen vor uns standen, die sie bei den Pfadfindern gebastelt hatten. Der Garten war noch kahl und es gab keinen Ort, um etwas aufzuhängen. Also pflanzten wir einen kleinen Apfelbaum und hängten die pinkfarbenen Futterstationen daran. Im ersten Jahr hingen auch drei Äpfelchen an den Zweigen, aber in den folgenden zwei Jahren kein einziger mehr. Nun steht wieder ein Umzug an und das Apfelbäumchen hat bereits einen neuen Standort. Vielleicht wird es dort ja Früchte tragen.

Jesus erzählte die Geschichte von einem Mann, der in seinem Weinberg einen Feigenbaum hatte. Als er sah, dass der Baum schon im dritten Jahr keine Früchte brachte, trug er dem Gärtner auf, den Baum umzuhauen. Der Gärtner aber bat den Besitzer noch um etwas Geduld und wollte versuchen, die Erde drumherum aufzulockern und zu düngen.

Ich bin dankbar, dass Gott nicht ständig etwas von mir erwartet. Er hat Geduld mit mir. Und wenn ich aus menschlicher Sicht nichts leiste und nicht den Erwartungen entspreche, kümmert er sich noch intensiver um mich, als er es ohnehin schon tut. Das gibt mir Ruhe und vielleicht irgendwann auch mal so etwas wie Gelassenheit.

Für diese Geschichte beschäftigten wir uns mit verschiedenen Bäumen und ihren Früchten. Es wurden Bäume auf Streuobstwiesen bestaunt, Abdrücke der Rinde mit Knete genommen und Bäume abgemalt.

Außerdem stempelten wir Bäume mit unserem Handabdruck und einem zurechtgeschnittenen Moosgummistempel. Nach geduldigem Trocknenlassen konnten auch noch Früchte dazugemalt werden.

Auch ohne eigene Bäume ist die Herbstzeit herrlich. Wir helfen bei der Ernte in Omas Garten und haben im letzten Jahr entdeckt, dass es in unserem Ort städtische Bäume gibt, die zum Abernten für alle Einwohner freigegeben sind. Beim Vorbeifahren bestaunten wir immer wieder einen Zwetschgenbaum, dessen Äste voll beladen tief nach unten hingen. Niemand schien hier zu ernten. Die Stadtverwaltung gab Auskunft, dass sich bisher keiner um diesen Baum kümmerte, und so übernahmen wir die Patenschaft. Die Kinder saßen auf unseren Schultern, und wir pflückten viele Schüsseln voll Zwetschgen, aus denen Kuchen und Marmelade entstanden.

Unsere Freunde luden uns ein, gemeinsam Apfelsaft herzustellen. Sie hatten in der Garage eine riesige Saftpresse aufgebaut. Während die Kinder und ich beobachteten, hin und wieder halfen und natürlich kosteten, war es für die anderen eine richtig schweißtreibende Arbeit, die aber etliche Kanister köstlichen Saft hervorbrachte. Weniger anstrengend wird das Ganze mit einer Saftpresse für die heimische Küche. Genießen Sie selbst gepressten, einmalig fruchtigen Apfelsaft!

Aus einem kürzlich entdeckten Stoff mit Äpfelchenmotiven nähte ich unserer Großen eine Tunika. Wenn Sie keinen Apfelstoff ergattern, stempeln Sie einfach selber einen! Als Stempel werden kleine Äpfel benutzt (am besten die ungenießbaren wurmstichigen).

Wir feierten ein Apfelernte-dankfest mit Apfelpfannkuchen, Apfelmus, Bratäpfeln, gedeckten und versunkenen Apfelkuchen nach Omas Rezepten und mit Apfelmuffins meiner Schwägerin. Meine Töchter lieben nicht nur den Geschmack, sondern auch Tante und Onkel, die ihnen eine gemeinsame Backzeit schenkten. So brachten die beiden die Zutaten, viel Geduld und Humor mit, die Kinder bekamen Rezepte und Backformen, und alle erlebten eine unvergessliche Zeit.

Wussten Sie, dass es weltweit angeblich 20.000 Apfelsorten gibt? Meine Töchter aßen lange trotzdem ausschließlich Jonagold-Äpfel. Mittlerweile „darf" ich auch andere Sorten servieren – am liebsten in Ringen mit Herz in der Mitte. Dann wird gekostet und geraten, welche Sorte es ist.

Geschwindigkeit ist beim Apfelwettschälen gefragt. Oder Geschicklichkeit: Derjenige mit der längsten Schale am Stück gewinnt. Und wenn Sie dann einen rot-grünen Apfelschalenberg vor sich haben, erinnern Sie sich gegenseitig an die biblische Geschichte vom Baum ohne Früchte und daran, wie geduldig und fürsorglich Gott uns stets begleitet!

VATER UNSER

Matthäus 6,9–13

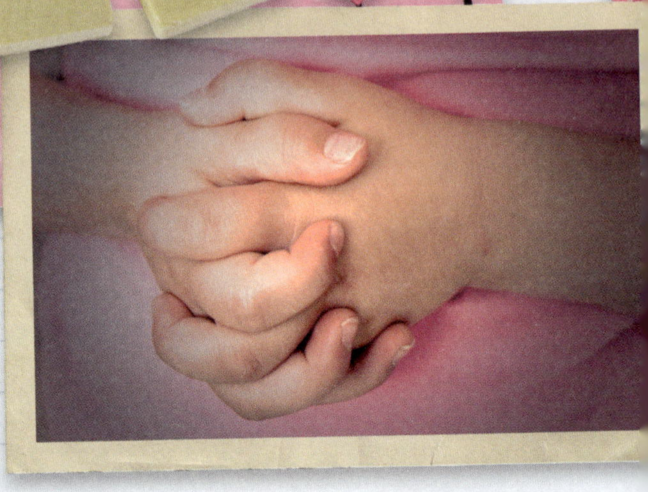

Gott ist mein Vater im Himmel

Ich schnappte neulich folgenden Satz in einer Fernsehsendung auf: „Woher soll ich denn wissen, wer ich bin, wenn ich nicht weiß, wer mein Vater ist?" Diese Frage beschäftigte mich, und ich finde es bemerkenswert, dass Gott von Jesus in seinem Gebet als unser Vater im Himmel vorgestellt wird. Das ist kein Wunsch oder ein leeres Wort, sondern ein Istzustand: Gott ist mein, ist Ihr Vater im Himmel! Das macht etwas mit mir, mit meinem Verständnis davon, wer ich bin.

Gott möchte als unser Papa Zeit mit uns verbringen, wir können direkt mit ihm sprechen, alles mit ihm teilen und zu ihm beten. Ich kann mich gut erinnern, wie stolz mein Mann unsere Neugeborene anschaute, die einen Strampler mit der Aufschrift trug: „Mein Herz gehört Papa!" Das ist für mich die Aussage, die wir zum Ausdruck bringen, wenn wir das Vaterunser beten.

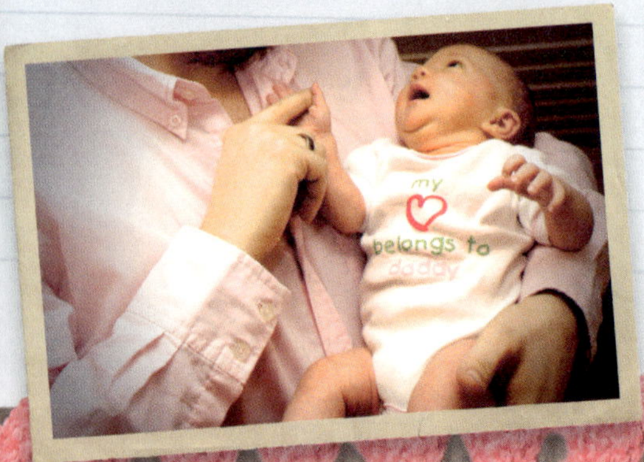

Manchmal denke ich, dass wir diese Vaterschaft nie so ganz begreifen werden, aber sie Stück für Stück zu erleben und zu erfassen, das ist mein Wunsch für meine Familie, für mich und für Sie.

Unsere Mädels lieben Papazeiten. Dann geht es raus, mit dem Handy auf Schatzsuche, zu einer Radtour über die Felder, zum Frühstücken beim Bäcker, wenn der gerade die Tür öffnet. Mit ihm werden Sandburgen und Staudämme gebaut, Nudeln gekocht und Pizza gebacken, es wird Schuhebinden geübt, im Zelt geschlafen und von den höchsten Rutschen gerutscht. Da endet schon mal ein Radrennen mit aufgeschrammten Knien, aber voller Glück über die gemeinsame Zeit. Wie erleben Sie in Ihrer Familie Papa- oder vielleicht Opazeiten? Haben Sie die Möglichkeit, solche bewusst einzuplanen?

In unserem Kindergarten wird jedes Jahr ein Papatag veranstaltet (für den auch schon mal der Opa eingesprungen ist). Vielleicht haben Sie Lust, sich mit ein paar Familien zu verabreden. Während die Mütter ein Päuschen genießen, erleben die Papas mit den Kindern sportliche, spannende und auch mal schlammige Abenteuer!

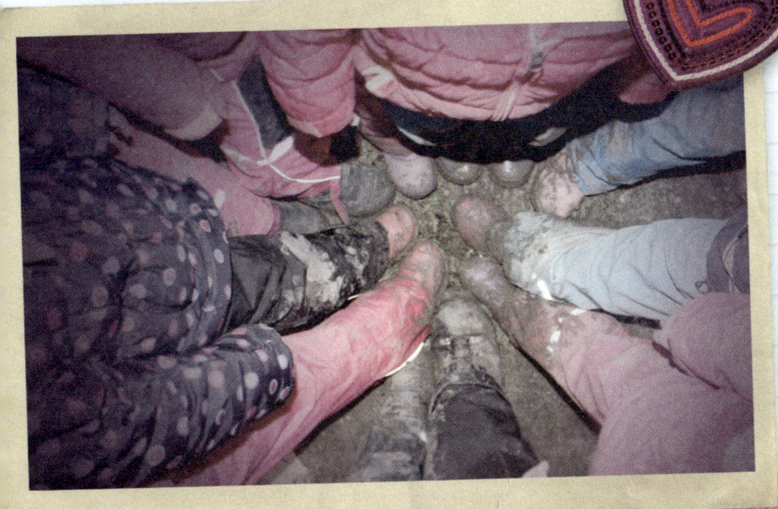

So eine Papazeit kann auch ganz ruhig ablaufen. Zum Beispiel beim Finden von Gemeinsamkeiten zwischen Kindern und ihrem Vater. Das können äußerliche Gemeinsamkeiten sein, aber auch gemeinsame Vorlieben für bestimmte Gerichte, geteilte Hobbys oder Lieblingsvorlesebücher. Vielleicht kramen Sie dafür auch Fotoalben hervor und staunen über die Ähnlichkeiten, die es zu entdecken gibt.

Unsere Kinder bestürmen ihren Papa regelmäßig am Telefon oder bei seiner Heimkehr von der Arbeit hemmungslos mit ihren Erlebnissen. Genauso unterhalten sie sich im Gebet herrlich frei mit Gott. Wir Erwachsene scheinen uns dagegen manchmal schwerzutun, beim Beten Worte zu finden. Genau deswegen gab uns Jesus mit dem Vaterunser eine Hilfestellung. Worte finden – und erinnern – können Sie ganz spielerisch mit einer Danke-Variante von „Kofferpacken" üben. Ein Beispiel? Mama: „Danke für den Sonnenaufgang." Papa: „Danke für den Sonnenaufgang und die Nudeln." Kind: „Danke für den Sonnenaufgang, die Nudeln und meine neuen Stifte."

Mit etwas größeren Kindern können Sie auch aus Moosgummi-, Filz- oder Keksbuchstaben Wörter legen, die benennen, wofür man gerade dankbar ist. Alle können wiederum

mitmachen, wenn abwechselnd ein Luftballon geworfen wird - wer ihn fängt, darf eine Gebetsbitte formulieren.

Manchmal können wir auch ohne Worte beten. Das Brot im Vaterunser ist nicht nur wörtlich zu verstehen, sondern steht für all das, was wir zum Leben brauchen und wofür wir dankbar sein können. Wie wäre es, den Tisch mit einer Papiertischdecke zu beziehen, auf der jeder mit Wachsmalkreide malen (oder schreiben) kann, wofür er an diesem Tag danken will?

Haben Sie schon einmal als Familie gemeinsam das Vaterunser gesprochen oder gesungen? Ich kriege dabei immer eine Gänsehaut, weil es so ein feierlicher und ehrfürchtiger Moment ist, den wir teilen. Probieren Sie es doch einmal aus! Oder formulieren Sie mit Ihren Kindern in Ihren eigenen Worten, was Sie an Gott echt spitze finden, wofür Sie ihm dankbar sind und worum Sie ihn herzlich bitten wollen. Gott als unser himmlischer Papa freut sich riesig auf die Zeit mit Ihnen!

Die Ostergeschichte

Gott verwandelt meine Trauer in großen Jubel

Ich gebe zu, dass sich dieses Kapitel etwas vollgepackt anfühlen mag. Aber wenn ich von Ostern erzähle, dann kann ich nicht einfach irgendwo mitten in der Geschichte anfangen. Dann gehören für mich die ersten Geschehnisse der Karwoche schon erzählt und erlebt. Und noch weniger kann ich mitten in der Geschichte aufhören, denn was wäre die Ostergeschichte ohne die Freude der Auferstehung? Gerade für Kinder, aber auch für mich kann ich unmöglich beim Kreuz aufhören. Ich muss und möchte von dem leeren Grab erzählen, dem Staunen und schließlich dem Jubel der Freunde von Jesus, als klar wurde: Jesus lebt, er hat den Tod überwunden. Damit gibt es auch in meinem Leben unendlichen Grund zur Freude!

Lukas 19,28–40

Die erste Station der Karwoche und unserer Familienostergeschichte erzählt von Jesu Einzug nach Jerusalem. Jesus ritt auf einem Esel in die Stadt. Er wurde von den Menschen mit Palmzweigen als künftiger König bejubelt, und sie legten ihre Kleidung als roten Teppich auf den Weg. Dekorieren Sie den Flur oder das Wohnzimmer, als würde ein besonderer Gast kommen! Wir entwarfen eine Palmwedel-Zimmergirlande. Während wir als Eltern auf allen vieren krabbelten und trabten, ritten die Kinder auf ihren „Eseln" durch das geschmückte Jerusalem. Dabei riefen sie: „Hosanna, unser König kommt!", und stellten sich vor, dass ihnen so zugejubelt würde.

Matthäus 26,6–16

Die Bibel erzählt, dass Jesus eingeladen war. Dabei spielte sich eine ungewöhnliche Szene ab: Eine Frau goss als Zeichen ihrer Dankbarkeit kostbares Salböl über Jesus aus. Wir rührten unser eigenes Salböl an. Dazu kombinierten wir Olivenöl als Grundlage mit verschiedenen Badeöldüften. Die Kinder schnupperten vorsichtig, und bald duftete der ganze Raum und unsere Hände glänzten und tropften vom Testen der Salböle.

Salböl

Judas ärgerte sich über die Verschwendung eines so teuren Öls und hätte es lieber verkauft, um das Geld den Armen zu geben. Selber verkaufte er seine Informationen über Jesus an die Verschwörer und Neider für 30 Silberstücke. Aus Alufolie (von der Regenmacherbastelei hatten wir ja noch genug im Keller ... Erinnern Sie sich?) formten wir runde Kugeln und klopften sie mit einem Hammer platt. Sie können die Taler auch aus Gips gießen und anmalen oder aus glänzendem Moosgummi ausschneiden.

Matthäus 26,17–29 und Johannes 13,1–17

Jesus wollte mit seinen Jüngern noch einmal das Passahmahl feiern und suchte dafür einen besonderen Rückzugsort. Das Mahl nahm allerdings eine ungewöhnliche Wendung, als Jesus von seinem bevorstehenden Tod und seiner Auferstehung sprach, Brot und Traubensaft verteilte und das mit seinem Körper und Blut verglich. Jesus wusch seinen Freunden - wie sonst die Diener des Hauses es taten - die staubigen Füße und forderte sie dazu auf, das künftig untereinander zu tun.

Unser Ausflug in den Barfußpark führte eindrucksvoll vor Augen, wie staubig und dreckig Füße werden können. Die Große versuchte vergeblich, sich unterwegs den Schlamm von den Füßen zu schütteln. Sie erinnerte sich und uns dabei an die biblische Begebenheit und war froh, als am Ende des Parks klares Wasser zum Füßewaschen zur Verfügung stand. Vielleicht wollen Sie sich einen besonderen Moment aussuchen, um einander einmal die Füße zu waschen? Damit kommen Sie dem nach, was Jesus sagte, dass wir uns gegenseitig die Füße waschen und damit daran erinnern sollen, dass er seinen Freunden und uns seine Liebe zeigen möchte.

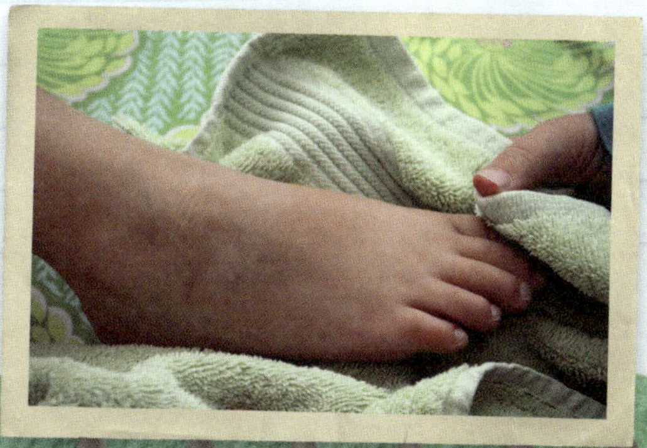

Matthäus 26, 36–46

In der Passionsgeschichte lesen wir, dass Jesus mit seinen Freunden nach dem Abendessen in den Garten Gethsemane ging, um dort zu beten. Unsere Mädels lieben es, wenn wir nach dem Essen noch einen Abendspaziergang machen. Vielleicht gibt es bei Ihnen in der Nähe einen hübsch angelegten Park oder ein heimeliges Waldstück? Sie können sich außerdem im Wohnzimmer Zeit nehmen, um gemeinsam an Freunde zu denken und für die zu beten, die vielleicht gerade Sorgen haben oder krank sind.

Lukas 22,54–62 und Lukas 23,33–34

Nachdem Jesus von Soldaten gefangen genommen und abgeführt worden war, folgte Petrus in sicherem Abstand. Er hatte Angst. Deswegen verleugnete er auch vor mehreren Menschen seine Freundschaft zu Jesus. Und tatsächlich krähte daraufhin ein Hahn, so wie Jesus es vorausgesagt hatte. Das muss für Petrus sehr entmutigend gewesen sein. Wir allerdings freuen uns an Hahn Anton in unserer Nachbarschaft, der lautstark kräht, den wir streicheln dürfen, der gemeinsam gesucht wird, wenn er mal wieder ausgebüxt ist, und der von seinem Besitzer liebevoll geküsst wird. Wir beklebten Papphähne mit farbigen Federn und malten Holzkreuze kunterbunt an. Bunt, weil wir nicht bei der Enttäuschung und dem Tod von Jesus am Kreuz stehen bleiben, sondern weil die Geschichte weitergeht, Jesus von den Toten auferstand und auch Petrus eine weitere Chance bekam. Ich möchte mit den Kindern erforschen, was es bedeutet, dass Jesus sagte, er stirbt, damit wir leben können, und will mich an der Auferstehung, dem Leben und daran, was das für uns als Familie bedeutet, festhalten!

Markus 16,1–6

Die Große war knapp drei, als wir gemeinsam diese eine Szene immer wieder und unbedingt spielen „mussten“. Ich war Maria, eine der Frauen, die am Ostersonntag zum Grab gingen, um den toten Jesus zu salben, und sie war der Engel, der beobachtete, wie ich in der leeren Grabhöhle nach Jesus suchte. Schließlich strahlte sie mich an und rief: „Such nicht Jesus bei den Toten! Jesus lebt doch!“ Dann war ich an der Reihe mit einem Freudenjubel und musste wieder rausgehen, damit sie mir das Ganze noch einmal mit leuchtenden Augen mitteilen konnte. Für eine Kinder-Erlebnisausstellung unserer Kirche zu Ostern bauen wir für diesen Teil der Ostergeschichte einen dunklen Pavillon mit Schwarzlicht auf, in dem ein Leintuch strahlend hell leuchtet. Wenn die Kinder aus dieser Station kommen, dann strahlen ihre Augen mindestens genauso hell. Und ich bin jedes Mal aufs Neue begeistert: Jesus ist zur Rettung der Menschen gestorben und er ist auferstanden, er lebt, und damit gibt die Ostergeschichte auch heute allen Grund zur Freude und zu großem Jubel!

JESUS UND PETRUS am See

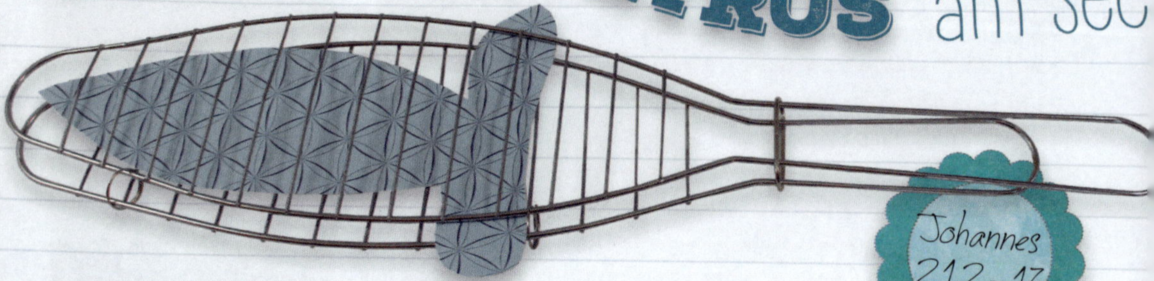

Johannes 21,2–17

Gott schenkt mir neuen Mut

Heute ist einer dieser Abende, an denen ich erschöpft neben den schlafenden Kindern sitze und über den Tag nachdenke. Wie konnte ich diese süßen Wesen nur so ungeduldig behandeln? Zu laut werden? Hinter meinen eigenen Erwartungen als Mama zurückbleiben?
Ich bin so dankbar für die Geschichte von Petrus in der Bibel. Er hatte auch gewisse Ansprüche an sich selber, Erwartungen und Vorstellungen. Und auch er kam an den Punkt, wo er sein Versagen eingestehen musste: „Ich geh' wieder fischen. Wer kommt mit? Ich bleib' lieber bei dem, was ich gelernt habe. Zum engsten Freundeskreis von Jesus zu gehören war vielleicht doch eine Nummer zu groß für mich."
Die Jünger waren also wieder am See fischen, fingen aber nichts. Die Begebenheit kommt bekannt vor, nicht wahr? Da folgten sie der Aufforderung eines – vermeintlich – Fremden am Ufer, die Netze auf der anderen Seite des Bootes auszuwerfen. Sie fuhren einen großen Fang ein und erkannten den auferstandenen Jesus. Petrus sprang aus dem Boot ins Wasser, um möglichst schnell bei Jesus zu sein. Er bekam neuen Mut und bekräftigte seine Freundschaft zu Jesus.

Wieder waren es Fische und ein Auftrag, die den Jüngern bewusst machten, wer da vor ihnen stand. Wir fertigten Bilder zum Thema an und legten dafür Fischformen auf ein weißes Blatt Papier. Je flacher diese aufliegen, desto besser. Unsere Kreativeinheit fand im Garten statt. Mit alten Zahnbürsten, verschieden blauen Wasserfarben, viel Wasser und einem Sieb sprenkelten wir Farbpunkte rund um die Fische, indem wir die Zahnbürste über das Sieb strichen. Dabei wurde natürlich nicht nur das Papier blau gepunktet ...

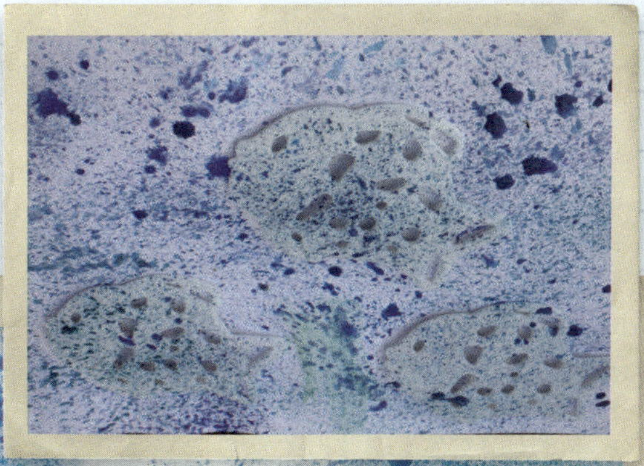

Ich bin begeistert davon, dass Petrus möglichst schnell bei Jesus sein wollte, aus dem Boot sprang, schwamm und womöglich über den Strand rannte! Ins Wasser zu springen und loszuschwimmen sind bei uns gerade große Themen. Wir versuchen jede Gelegenheit dazu zu nutzen, wenn alle gesund sind. Springen Sie, schwimmen Sie, rennen Sie um die Wette und fliegen Sie einander in die Arme!

Petrus war so geknickt über sein Versagen, Jesus drei Mal als Fremden bezeichnet und damit die Freundschaft verraten zu haben. Nun vergewissert sich Jesus drei Mal bei ihm seiner Freundschaft und Liebe und gibt Petrus den Auftrag: „Weide meine Schafe!" Ich finde das unglaublich ermutigend. Keine Standpauke. Kein Liebes- oder Freundschaftsentzug, sondern eine Bekräftigung der bestehenden Zuneigung und der Aufruf, konkret zu handeln und sich nun um andere Menschen zu kümmern. Für wen wollen Sie als Familie da sein? Um wen möchten Sie sich kümmern? Vielleicht finden Sie gemeinsam einen Familienauftrag.

Für die Jünger war das Essen von Jesus ein Überraschungsfrühstück nach einer langen Fischernacht. Unsere Mädels lieben es, sich morgens heimlich in die Küche zu schleichen und das Frühstück vorzubereiten.

Ich genieße das Geklapper und Gekicher und merke natürlich nichts, bis wir dann gerufen werden. Aber auch selber lassen sich die Kinder gerne von einem Tablett im Bett überraschen und bekommen leuchtende Augen, die mich die Krümel und Marmeladenkleckse im Bett vergessen lassen. Ein Highlight auf dem Tablett im Sommer: Füllen Sie Wasser in kleine, fischförmige Silikoneiswürfelformen. Wird noch ein bisschen Lebensmittelfarbe ergänzt oder Saft in die Mulden gegossen, schwimmen später sogar bunte Fische im gekühlten Sprudelwasser.

Jesus hatte am Seeufer ein Kohlenfeuer gemacht, um Fisch und Brot zu rösten, und lud die Jünger dazu ein. Zu Weihnachten bekam ich ein koreanisches Waffeleisen in Fischform geschenkt. Deshalb griff ich auf das Buttermilch-Waffel-Rezept zurück (das kennen Sie ja bereits). Sie können natürlich auch einen Rührkuchen nach eigenem Rezept auf ein Blech gießen und nach dem Backen mit dem Messer in Fischform bringen. In der koreanischen Originalvariante werden die Fische übrigens mit einer süßen, roten Bohnenpaste gefüllt. Egal, welchen Geschmack Sie wählen, beim Genießen der Teigfische können wir darüber staunen, dass Gott auch an uns glaubt. Das macht mir Mut!

EIN ABSCHIED und ein VERSPRECHEN

Johannes 14,1–3 und Apostelgeschichte 1,9–

Gott schenkt mir Hoffnung

Während ich dieses Kapitel schreibe, stapeln sich mal wieder die ersten Umzugskartons und es warten Unmengen darauf, gefüllt zu werden. Mein Mann weiß noch nichts von meinem Plan, unser Bett ins kleinste Zimmer des neuen Zuhauses einzuquartieren, um den Mädchen besonders große Kinderzimmer zu ermöglichen. Ich träume von Wandfarben, schiebe in Gedanken Möbel hin und her und freue mich auf strahlende Kinderaugen. Vielleicht werde ich es sogar schaffen, ein Einzugsfest zu feiern. Mit Pompons in Bonbonfarben, Wimpelketten, Fruchtshakes, Muffins und Kuchen. Ich frage mich, wie es Jesus erging, als er sich von den Jüngern verabschiedete. Er versprach ihnen, vorauszugehen, um in Gottes Haus Wohnungen vorzubereiten. Für jeden die absolute Traumwohnung.

Ich bin mir sicher, dass Vorfreude mitschwang, als er ihnen versprach, nun zwar in den Himmel zu gehen, aber eines Tages wiederzukommen, um die Menschen zu sich und zu Gott-Vater zu holen. Für die Wartezeit ermutigte Jesus seine Freunde, durchzuhalten. Wir können zuversichtlich und getröstet sein und dürfen unserem Gott vertrauen, der uns jetzt schon nahe ist.

Vielleicht fällt es Kindern leichter als Erwachsenen, sich gewisse Ereignisse in der Bibel vorzustellen. Oder wie geht es Ihnen mit der Vorstellung von Christi Himmelfahrt? Die Menschen standen um Jesus herum, er verabschiedete sich von ihnen, sprach ihnen Mut zu und stieg von einer Wolke verdeckt in den Himmel zu Gott. Puh, gar nicht so einfach. Und die Ankündigung, dass er wiederkommen wird: Auch wenn ich mir das nicht rational erklären kann, möchte ich doch daran glauben. Also sprechen wir über die Himmelfahrt, spielen Wattewolkenpusten und fragen uns, wie das ausgesehen haben könnte.

Wie mag es sich außerdem angefühlt haben, als ein Engel die staunenden Freunde von Jesus aufforderte, nicht tatenlos in den Himmel zu gucken, sondern auf der Erde aktiv zu werden und den Worten und dem Vorbild von Jesus Taten folgen zu lassen? Was ist Ihnen besonders nahegegangen am Leben von Jesus? Worin ist er für Sie ein außergewöhnliches Vorbild? Sprechen Sie darüber, wie Sie aktiv werden wollen für die Menschen in Ihrem Umfeld und für Ihre Umwelt und seien Sie sich sicher, dass Sie dabei nicht alleine sind. Jesus hat versprochen, dass Gott uns Menschen nahe ist!

Es fiel mir nicht leicht, diesen Blick von Jesus in die Zukunft kreativ umzusetzen. Aber dann kam mir der Gedanke, dass es hier ja um einen ganz besonderen Ausblick geht. Für einen gewöhnlichen Blick in die Ferne nutzt man ein Fernrohr. Für diesen außergewöhnlichen Blick wird ein außergewöhnliches Rohr benötigt: ein Kaleidoskop. Wir füllten bunte Plastiksteinchen in innen mit Spiegeln beklebte Pappröhren und staunten darüber, wie sie durch das Licht zu funkeln begannen. Was für ein positiver Ausblick!

Die Bibel vergleicht das Himmelreich mit einem großen Festessen, zu dem ein König einlädt. Mir persönlich kommt da eine Einladung in den Sinn, die unsere Freunde kürzlich ausgesprochen hatten. Wir saßen bei herrlicher Sonne in deren Garten, und unsere Töchter bekamen immer größere Augen: Eine Eissorte nach der anderen wanderte auf den Tisch, dazu verschiedenste Sößchen und Waffeln. Die Kinder mussten vor lauter Staunen sogar dazu ermutigt werden, so viel und genau das zu nehmen, was ihr Herz begehrte. Ich glaube, ungefähr so sieht in ihren Augen ein Festmahl im Himmel aus.

Vielleicht laden auch Sie ein zu einem Freundschaftsfestessen mit besonders schönen Platzkarten oder personalisierten Sitzkissen. Genießen Sie, lachen Sie und feiern Sie die Freundschaft, das Leben und das Versprechen Gottes, dass er einen Platz für Sie bereithält. Das gibt mir Hoffnung schon hier und heute und immer wieder neuen Mut, nach dem Beispiel von Jesus zu leben.

GÖNNEN-SIE-SICH-WAS-MOMENTE

UND MUT MACHEND DANKBARE GEDANKEN

Ob man ein Buch im Wartezimmer eines Kinderarztes beenden kann? Ich werde es versuchen, denn zu Hause ist es mit den sich stapelnden Umzugskartons nicht viel ruhiger. Sie kennen es ja nun, bei uns herrscht Trubel, und ich bin sehr dankbar, dass wir uns mit den Kindern trotz allem – oder gerade deswegen – immer wieder in unsere kreativen Andachtsmomente retten.

Wobei es auch bei uns weiterhin diese Tage gibt (und einer davon ist heute), an denen ich uns noch gar keine Zeit für irgendwelches Aufatmen oder Kreativsein gegönnt habe und die Kleine mit einer klassischen Variante eines Kinderandachtsbuches in der Hand zum Kindergarten aufgebrochen ist. Wenn ich schon keine Zeit hätte, erklärte sie mir empört, dann müsse sie die Bibel eben alleine lesen.

Eigentlich doch auch ganz gut. Und wenn sich dann wieder mein Gewissen regt, was ich als Mutter nicht alles könnte, sollte, müsste, dann denke ich an meine Freundin, die mit Kirche nicht viel am Hut hat. Sie fragte mich genau in solch einem Selbstzweifelmoment, ob Glaube nicht auch etwas mit Gnade zu tun hätte. Und wie sie damit recht hatte!

Also versuche ich mich zu entspannen und gebe mir und Ihnen diesen Mut machenden Gedanken mit auf den Weg: Wenn Gott Gnade ist, dann dürfen Sie auch gnädig mit sich selber und Ihren Kindern sein, wenn mal wieder nichts nach Plan läuft! Genießen Sie als Familie die himmlisch bunten Ideen in meinem Buch und entdecken Sie Ihre eigenen!

Ich spreche von „meinem" Buch. Dabei ist das eine kolossale Untertreibung, und es wird höchste Zeit, mich bei den Kooperationspartnern, dem Projektleiter und Gutachter, der Lektorin und dem Grafikerteam zu bedanken. Und während ich hier noch beim Kinderarzt sitze, betritt eine Freundin mit Tochter das Wartezimmer. Was wäre dieses Buch ohne Freunde und Familie, ohne deren Geduld, das Probelesen und so manchen Krims und Krams geworden, den sie mir geliehen haben?
Danke für eure Unterstützung!

Und dann gilt mein Dank den Menschen, die tagein, tagaus den Geschichten von Fröschen und Pharaonen lauschen, sie mit mir erleben und manchmal auch erleiden. Ihr seid die wundervollsten Wesen, die sich Gott je ausdenken konnte! Danke für eure bedingungslose Liebe, für eure Energie, Lautstärke, Bastelwut, Backleidenschaft und Kochvergnügtheit. Danke für eure Krümel unter dem Tisch, eure Matschspuren auf dem weißen Sofa und die Wasserfarbenkleckse an der Wand. Ihr macht mein Leben bunt und unendlich reich! Ich liebe euch!

IMPRESSUM

Projektleitung: Jochen Härdter
Gesamtkonzept: Katrin & Ruben Grieco
Texte, Fotos und Coveridee: Katrin Grieco
Fachliche Durchsicht: Karsten Stank

Lektorat:
Inga Bertz (wortwuerze.de)

Gestaltung, Satz,
Illustration, Fotos (tlw.):
Anita Raßbach (rasani.com)

Druck:
CPI Clausen & Bosse, Leck

Herausgeber: Saatkorn-Verlag, Lüneburg

Pulverweg 6, 21337 Lüneburg
Internet: www.adventist-media.de
E-Mail: info@saatkorn-verlag.de

Dieses Buch erscheint in der EDITION icor der Adventjugend Deutschland in Kooperation mit dem Religionspädagogischen Institut (RPI) und der Abteilung Familie der Freikirche der Siebenten-Tags-Adventisten.

Die Tipps und Informationen in diesem Buch sind von der Autorin nach bestem Wissen und Gewissen sorgfältig erwogen und geprüft. Die Autorin übernimmt jedoch keine Haftung für etwaige Personen- oder Sachschäden, die sich aus dem Gebrauch oder Missbrauch der in diesem Buch aufgeführten Informationen ergeben.

1. Auflage 2015
ISBN 978-3-8150-1550-6